Willem C. van Dam
Seelsorge in der Kraft des Geistes

Willem C. van Dam

Seelsorge
in der Kraft des Geistes

ERNST FRANZ VERLAG
METZINGEN

Die Originalausgabe »Zielszorg in de Kracht van de Geest« erschien 1983 bei Uitge-
verij J. N. Voorhoeve, Den Haag

CIP-Kurztitelaufnahme der Deutschen Bibliothek

Dam, Willem C. van:
Seelsorge in der Kraft des Geistes / Willem C. van Dam. (Aus dem Holländ. übers.
von Edith van Dam). – 3. Aufl. – Metzingen: Franz, 1987.
Einheitssacht.: Zielszorg in de Kracht van de Geest ⟨dt.⟩

ISBN 3-7722-0200-4
Copyright 1984: Verlag Ernst Franz, Metzingen
Alle Rechte vorbehalten

Dritte Auflage 1987

Umschlaggestaltung: Grafisches Atelier Arnold, Dettingen
Herstellung: Heinzelmann Druck-Service, Metzingen
Printed in Germany

INHALTSVERZEICHNIS

I

Einführung

1. ZWEI BEGRIFFE

Im Titel dieses Buches steht das Wort »Seelsorge«. Für unser Thema wird aber auch oft ein anderer Begriff gebraucht; Katholiken sprechen von der »Pastoral«, Protestanten von »Pastoraltheologie«. Beide Begriffe haben ihre Vor- und Nachteile.

Beim Wort »Seelsorge« könnte man an die Sorge für die Seele, für die Psyche eines Mitmenschen denken, an eine Art christliche Psychotherapie also. Aber Seelsorge umfaßt ein viel größeres Gebiet. Das biblische Wort »Seele« (hebräisch »nefesj«, griechisch »psyche«) bezieht sich ja auf den ganzen Menschen, auf den Menschen in seiner Totalität, in allen Aspekten seines Lebens.[1] So konnte z. B. Matthäus 16, 25, wo über das Erhalten und das Verlieren der »Psyche« gesprochen wird, schon von Luther übersetzt werden: »Denn wer sein Leben erhalten will . . .; wer aber sein Leben verliert . . .« Wenn wir diese umfassende Bedeutung von »Seele« im Auge behalten, dann hat das Wort »Seelsorge« sogar den Vorteil, daß es den Menschen in seiner Totalität von Geist, Seele und Körper sieht, in seiner konkreten Existenz also. Außerdem weist das Wort »Sorge« daraufhin, daß dieser konkrete Mensch nicht fertig, nicht vollkommen ist. Er ist ein Wesen mit Mängeln und hat seine Nöte.

Der Begriff »Pastoral« stammt aus der Welt des Hirten, einer vielfach verwendeten biblischen Gestalt. »Der Herr ist mein Hirte«, sagt Psalm 23, und Jesus wird, in Anlehnung an seine eigenen Worte (Joh. 10, 11), der Erzhirte genannt (1. Petr. 5, 4, vgl. 1. Petr. 2, 25; Hebr. 13, 20). Der Begriff »Pastoral« verweist also auf den großen Pastor, den guten Hirten. Seelsorge, vom Menschen ausgeübt, geschieht im Namen, im Auftrag dieses guten Hirten[2]. So hat der auferstandene Jesus Petrus den Auftrag gegeben, seine

Lämmer und seine Schafe zu weiden (Joh. 21, 15-18). Ein zweiter Vorteil dieses Begriffes ist, daß nicht so sehr der einzelne Mensch, sondern die ganze Gemeinde des Herrn, die Herde Gottes (Apg. 20, 28), Gegenstand der Seelsorge ist.

Allerdings kann der falsche Eindruck entstehen, daß nur ein Pastor, ein Pfarrer, »Pastoral« betreiben kann und darf. Zweifellos kennt die Bibel eine bestimmte Kategorie von Menschen, die besonders zur Seelsorge gerufen ist: die Ältesten oder Aufseher (Apg. 20, 17.28; 1. Petr. 5, 1.2) oder die vom Herrn eingesetzten Hirten (Eph. 4, 11). Aber genauso, wie es einseitig ist, beim Begriff »Seelsorge« nur an den psychischen Aspekt des Menschen zu denken, ist es einseitig, beim Begriff »Pastoral« nur an bestimmte Amtsträger zu denken[3]. Der Apostel Paulus ruft ja alle Gemeindeglieder auf, einander zu ermahnen und zu erbauen (1. Thess. 5, 11). Die Glieder sollen füreinander sorgen (1. Kor. 12, 25). Sie sollen aufeinander achthaben und einander zu Liebe und guten Werken anspornen (Hebr. 10, 24).

Könnte es also nicht die Aufgabe der Hirten, der Pastoren sein, »die Heiligen« zum Werk des Dienstes auszurüsten (Eph. 4.12), wie etwa ein Trainer seine Mannschaft trainiert? Die Herde ist meist so groß, daß es für den Pastor besonders wichtig wäre, Gemeindeglieder in der seelsorgerlichen Arbeit zu schulen[4]. Immer wieder entdeckt man in den Gemeinden seelsorgerlich eingestellte Menschen. In einer meiner Gemeinden wohnte eine solche Frau. Viele andere Frauen wandten sich an sie um Rat und Hilfe. Sie war für sie eine echte Priesterin. Gemeinden, in denen ein solches »allgemeines Priestertum« geübt wird, sind gesegnete Gemeinden!

2. WAS IST SEELSORGE?

In der Pastoraltheologie, der Wissenschaft von der Seelsorge, gibt es heute keine Einigkeit darüber, was Seelsorge ist und sein soll. Bevor ich mein eigenes Verständnis von Seelsorge darstelle, möchte ich die Hauptströmungen kurz nennen.

In der Nachkriegszeit hat die Definition Eduard Thurneysens, eines Freundes von Karl Barth, das Feld beherrscht. Für ihn war

Seelsorge »Verkündigung der Vergebung an den Einzelnen«. Jede Not ist nach seiner Anschauung Sündennot, und jede Hilfe ist Vergebungshilfe[5]. Gegen diese Definition kann man besonders zwei Einwände erheben[6]. Wie schön Thurneysen auch über die Notwendigkeit des Hinhörens spricht, ist für ihn der Pastor doch primär der Verkündiger, der Mensch, der »es weiß« und der sich jetzt quasi von oben her dem anderen Menschen in seiner Not zuwendet. Aber so wird der Pastor doch zu einseitig betrachtet! Und ist es außerdem wirklich wahr, daß jede Not Sündennot ist? Wenn jemand den Ehepartner verliert, ist bestimmt Seelsorge am Platze, aber wir können nicht von Sündennot sprechen. Allerdings müssen wir anerkennen, daß das Herzstück von Thurneysens Seelsorgelehre aus dem Herzen des Evangeliums stammt.

Eine völlig andere Definition finden wir beim Vater der modernen Seelsorge, die jetzt in Form des sogenannten »Clinical Pastoral Training« vielen Pfarrern beigebracht wird: Seward Hiltner. Er orientiert sich stark an der Psychologie von Carl Rogers und zieht von dorther klare Linien zum seelsorgerlichen Gespräch. Seine »Beratende Seelsorge« (Counseling)[7] zielt darauf, »anderen zu helfen, daß sie lernen, sich selber zu helfen«[8]. Das Wort »helfen« hat einen sympathischen Klang. Der Pastor ist der Helfer. Trotzdem stellt uns diese Definition vor ernste Fragen. Kann jeder Mensch soweit gebracht werden, daß er sich selber helfen kann? Ist er dafür nicht oft zu schwach, zu isoliert? Wird hier die Gesprächsmethode nicht überschätzt, wird der Pastor nicht überfordert? Und insbesondere: wo ist in dieser Definition das Verhältnis zum Dritten, zum großen Helfer? Kann man tatsächlich die horizontale Dimension der Seelsorge beschreiben ohne ihre vertikale Dimension?

Wir tasten nach einer eigenen Definition. Von Hiltner übernehmen wir das Wort »helfen«[9]. Der Pastor ist nicht der Führer, der Herrscher, der Diktator, sondern der Helfer. Aber wir möchten in unserer Definition gerne dem Namen des großen Pastors, des guten Hirten, eine zentrale Stellung geben. Jede zwischenmenschliche Seelsorge sollte ihn zum Mittelpunkt haben. Der menschliche Helfer steht in seinem Dienst. Dem anderen, den wir am liebsten mit dem Wort »Konfident«[10] umschreiben, wird erst dann richtig geholfen, wenn er sich von ihm helfen läßt[11]. Der Hirte zeigt den

Weg. Er geht voran, die Herde folgt ihm. Verliert ein Schaf den Kontakt mit der Herde, dann sucht es der Hirte (Luk. 15, 3-7). Er sorgt für Nahrung, verbindet Wunden, vertreibt angreifende Räuber und Raubtiere. Bei ihm ist Sicherheit und Heil.

So kommen wir zur kurzen Definition: »Seelsorge ist: anderen helfen, Jesus nachzufolgen.«[12] Es ist die Aufgabe des Evangelisten, Menschen zu helfen, Jesus zu finden. Der Hirte hilft Menschen, die Jesus gefunden haben, ihm während ihres ganzen Lebens nachzufolgen. Wohl deshalb werden in Epheser 4, 11 die Hirten gleich nach den Evangelisten genannt. Über die Christen wird gesagt, daß sie dem Lamm (das mit dem Hirten identisch ist) nachfolgen, wo es hingeht (Offb. 14, 4), und daß sie Christi Fußtapfen nachfolgen (1. Petr. 2, 21)[13]. Verschiedene Begriffe und Bilder im Neuen Testament erklären diese Nachfolge. Sie umfaßt die Wiedergeburt aus dem Heiligen Geist, das Leben als neue Schöpfung, das Sterben und Auferstehen mit Christus, das Ablegen des alten und das Anlegen des neuen Menschen, das Töten des Fleisches und das Wandeln im Geist, das Bleiben in Christus und das Beschreiten des Wegs der Heiligung und des Wachstums.

Auch der Mensch, der seelsorgerlich tätig ist, ist ein Jünger, ein Nachfolger Jesu. Mit dem »Konfidenten*«, dem Hilfesuchenden, ist er dadurch verbunden, daß beide Glieder des Leibes Christi, der Gemeinde, sind[14]. (Wenn der »Konfident« Jesus noch nicht kennt, bekommt die Seelsorge einen stark evangelistischen Akzent.) Auch der Seelsorger empfindet dann und wann Schwierigkeiten bei der Nachfolge Jesu. Wer am einen Tag Seelsorge ausübt, kann am nächsten Tag selber Seelsorge nötig haben. Unsere Definition kann man deshalb innerhalb der Gemeinde Christi auch so lesen: »Seelsorge ist, einander helfen, Jesus nachzufolgen.«

Der Auftrag, Jesus nachzufolgen, gilt für alle Lebenslagen. Im seelsorgerlichen Gespräch geht es deshalb darum, herauszufinden, was es bedeutet, Jesus nachzufolgen, sei es in Arbeit oder Arbeitslosigkeit, in Gesundheit oder Krankheit, in Jugend oder Alter, als

---

* Im Englischen bedeutet »confidant« Vertrauter, einer, der mir vertraut ist und der mir vertraut. Vertrauen aber hat mit Erwartung zu tun, mit hoffender, glaubender Erwartung. So bezeichnet das Wort »Konfident« einen Menschen, der in der Erwartung kommt, Hilfe zu finden.

Verheirateter oder als Unverheirateter, in einer Demokratie oder unter einer Diktatur.

So finden wir als ein erstes Merkmal einer Seelsorge in der Kraft des Heiligen Geistes: sie ist *auf Jesus Christus hin orientiert.* Der Heilige Geist weist Menschen nicht auf sich selbst, den Menschen, zurück, nicht einmal auf sich, den Geist, sondern auf den Herrn Jesus Christus (Joh. 14, 26; 16, 14). Dieser Herr ist Maßstab wie Ziel der Seelsorge. Eine Seelsorge in der Kraft des Geistes ist also eine christozentrische Seelsorge[15].

3. DIE KRAFTQUELLE

Die Seelsorge, die uns vor Augen steht, ist undenkbar ohne die Kraft des Heiligen Geistes[16]. Das galt schon für die Seelsorge unseres Erzhirten. Bevor Jesus mit seiner öffentlichen Arbeit anfing — so berichten alle vier Evangelien —, hatte er eine ganz besondere Bestätigung, Beauftragung und Ausrüstung empfangen: bei seiner Taufe im Jordan schenkte der Vater dem Sohn die Fülle des Heiligen Geistes. Jesus »sah den Geist Gottes wie eine Taube auf sich herabkommen« (Matth. 3, 16). Dieser Geist führt ihn, so erzählen Matthäus und Lukas, zuerst in den Kampf mit seinem Widersacher, dem Teufel. Erst dann kann Jesus seine Arbeit anfangen: »Das Evangelium zu verkündigen, den Gefangenen zu predigen, daß sie los sein sollen, und den Blinden, daß sie sehend werden, und den Zerschlagenen, daß sie frei und ledig sein sollen« (Luk. 4, 18). Jetzt kann er umherziehen, wohltun und gesund machen alle, die vom Teufel überwältigt waren, weil er »mit Heiligem Geist und Kraft«[17] gesalbt und deshalb Gott mit ihm ist (Apg. 10, 38). Weil er voll des Geistes ist, ist Gott in seiner Verkündigung und in seinem seelsorgerlichen Handeln wirklich gegenwärtig.

Was für Jesus gilt, gilt auch für seine Jünger. Sie dürfen seine Arbeit erst dann fortsetzen, wenn sie mit dem Heiligen Geist ausgerüstet sind (Apg. 1, 4.5). Sie werden, wie es heißt, »Dynamis« — Dynamik, Kraft aus der Höhe empfangen (Luk. 24, 49; Apg. 1, 8). Später kann Paulus sagen, daß seine Predigt in Erweisung des Geistes und der Kraft geschah (1. Kor. 2, 4), weil ja das Reich Gottes nicht in Worten, sondern in Kraft besteht (1. Kor. 4, 20).

Wenn Jesus, der vom Vater herkam, diese Zurüstung brauchte, und wenn die Jünger, die während drei Jahren Jesus nachgefolgt waren, diese Zurüstung brauchten, wieviel mehr werden wir diese »Kraft aus der Höhe« brauchen, damit wir anderen helfen können, Jesus nachzufolgen! Die Pfingstverheißung gilt auch »allen, die ferne sind« (den Nicht-Juden) und »euren Kindern« (den nächsten Generationen). Die Ausgießung des Geistes am Pfingsttag ist also nicht ein einmaliges, sondern ein *erstmaliges* Ereignis. Der Heilige Geist möchte in und durch Menschen aller Zeiten die Dinge tun, die er zuerst in und durch Jesus getan hat[18].

Sehr viele, die in ihrem Leben diesen Durchbruch des Geistes erfahren haben, können eine Erneuerung ihrer Seelsorge bezeugen. Seitdem gibt es bei ihnen eine größere Sensibilität gegenüber der Not der ihnen seelsorgerlich Anvertrauten und eine größere Freimütigkeit, mit ihnen zu beten. Außerdem hat es den Anschein, daß dieses Gebet öfter als vorher erhört wird. Auch kommt es oft zu einer tieferen Einsicht in die Hintergründe der Not. Der Geist rüstet ja aus mit Charismen, mit Gnadengaben, wie Paulus diese u. a. in 1. Korinther 12 beschrieben hat[19]. Es kann bedeuten, daß der Seelsorger ein »Wort der Erkenntnis« empfängt, mit dem ihm innerlich gesagt wird, welches die eigentliche Not ist und wo ihre Ursache liegt. Oder es wird ihm ein Bild geschenkt, das verdeutlicht, worum es sich handelt. Auch kann es geschehen, daß während des Gespräches oder des Gebetes mit dem »Konfidenten« der Herr ein prophetisches Wort eingibt, das ihn ermutigt oder ihm einen Weg zeigt. In der Apostelgeschichte geschehen solche Dinge immer wieder. Wo der Heilige Geist Menschen Gnadengaben schenkt, geschehen sie immer noch. Dort empfängt die Seelsorge eine besondere Tiefe. Wir entdecken, daß der Herr bei jeder seelsorgerlichen Begegnung gegenwärtig sein will[20].

Dies alles führt uns zum *zweiten Merkmal* einer Seelsorge in der Kraft des Geistes: *der Heilige Geist will* Seelsorger erfüllen und *mit seinen Gaben ausrüsten*, damit ihr Dienst fruchtbarer wird. Man könnte also auch von einer »pneumatischen« oder einer »charismatischen« Seelsorge sprechen.

Ich will einige Beispiele nennen, wie Geistesgaben in der Praxis wirken können:

Ein Mann leidet unter Kopfschmerzen, die ihn arbeitsunfähig machen. Die Ärzte haben die Ursache nicht finden können. Während ich mit ihm bete, drängen sich meinen Gedanken nachdrücklich die Buchstaben EEG auf. Auf meine Frage hin zeigt sich, daß bei dem Mann noch nie ein Elektro-Enzephalogramm gemacht worden ist. Das EEG ergibt, daß seit seiner Geburt ein kleiner Gehirnschaden besteht, der mit Medikamenten behandelt werden kann.

Ein Mädchen, elf Jahre alt, leidet unter Alpträumen. Aus eigener Erfahrung weiß ich, daß dies bei Kindern öfter vorkommt. Ich versuche, sie psychologisch zu erklären. Plötzlich erklingt in mir aber das Wort »Spiritismus«. Ans Tageslicht kommt, daß das Mädchen, zusammen mit zwei Freundinnen, Geister Verstorbener gerufen hat. Von diesem Zeitpunkt an begannen die Alpträume.

Ein Pfarrerehepaar bittet mich, mit ihm um Gottes Segen zu beten. Während dieses Gebets kommen mit Nachdruck andere Worte in mir auf. Sie bilden eine Weissagung für dieses Ehepaar: der Herr werde aus ihrer Gemeinde einen Leuchtturm für die ganze Umgebung machen, und der Pfarrer dürfe der Leuchtturmwärter sein. Drei Jahre später, bei einem neuen Besuch in der Gemeinde, kann ich feststellen, daß die Weissagung in Erfüllung gegangen ist.

4. DER GANZE MENSCH

Wir haben gesehen, daß sich in der Bibel das Wort »Seele« auf den ganzen Menschen bezieht. Daneben kennt das Neue Testament auch unseren heutigen Sprachgebrauch, bei dem die Seele als ein Aspekt des Menschen neben andern Aspekten betrachtet wird. Dann und wann wird von der Seele und vom Körper des Menschen gesprochen. Dann wird wieder eine Dreiteilung vorgenommen in Geist, Seele und Körper, wie in 1. Thessalonicher 5, 23[21]. Nach unserer Meinung ist diese Dreiteilung für die Seelsorge besonders brauchbar. Unter »Geist« verstehen wir die uns eingegebene

Fähigkeit, in Beziehung zu treten mit unsichtbaren geistigen Realitäten, mit dem Reich Gottes, aber auch mit dem Reich des Bösen. Körper und Seele zusammen befähigen uns zur Verständigung mit der geschaffenen sichtbaren Welt: mit der Natur, mit dem Mitmenschen. Der Seelsorger, dem es um die Nachfolge Jesu geht, konzentriert sich, so wie dieser es tat, auf die Stärkung der positiven, die Wiederherstellung der gebrochenen und das Abbrechen der falschen Beziehungen. Wir können die Seelsorge, die sich auf den ganzen Menschen richtet, graphisch durch ein Viereck verdeutlichen, das durch zwei Diagonalen in vier Dreiecke unterteilt wird.

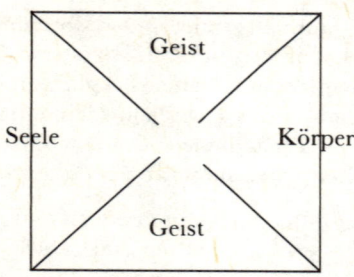

Im oberen Dreieck spielt sich unsere Beziehung zu Gott ab. Dabei handelt es sich um die Wirklichkeit von Sünde und Gnade, Schuld und Vergebung, Rechtfertigung und Heiligung, Gebot und Gebet (siehe in diesem Buch Kapitel V). In der christlichen Seelsorge ist dieses Dreieck immer betont worden. Aber aus dem Neuen Testament wird deutlich, daß sich die Seelsorge des guten Hirten immer auch auf die anderen Aspekte des Menschseins gerichtet und auch die Befreiung und die Heilung des Menschen umfaßt hat. Die Nachfolge Jesu ist zugleich die Nachfolge des Befreiers und des Arztes!

Was bedeutet das untere Dreieck? Jesus kennt auch eine geistige Unterwelt, ein Reich der Finsternis, das nach dem Menschen greift. Wenn Menschen in den Griff der Handlanger dieses Gegenreiches geraten sind und dadurch eine negative geistige Beziehung entstanden ist, hat Jesus immer wieder diese Handlanger vertrieben und Menschen aus ihrem Griff befreit. Der Hirte holt seine

Schafe aus den Händen der Räuber, aus dem Rachen der Wölfe. Und denen, die ihm nachfolgen wollen, gibt er den Auftrag, dasselbe zu tun. Deshalb ist auch dies heute Teil einer Seelsorge in der Kraft des Geistes (siehe Kapitel VI dieses Buches).

Das linke Dreieck bezieht sich auf die Seele des Menschen, das Zentrum seines Wollens, Denkens und Fühlens mit seinem »Keller«, dem Unbewußten. Auch auf diesem Gebiet können Not, Verwirrung, Zerrüttung entstehen. Die Psychiatrie spricht von Neurosen und Psychosen, die nicht nur uns selber, sondern auch die Beziehungen zu unseren Mitmenschen bedrohen. Der Seelsorger wird kritisch und dankbar[22] die Entdeckungen und Auffassungen innerhalb der Psychiatrie zur Kenntnis nehmen. (Wir beschäftigen uns damit in Kapitel VII.)

Das rechte Dreieck bezieht sich auf unseren Körper, den komplizierten Apparat, der unser Leben ermöglicht und der — auch durch unsere Sinne — für unser Stehen in der Welt und für unsere Beziehung zum Mitmenschen unerläßlich ist. Aber auch dieser Körper kann angetastet und krank werden. Durch die Kraft des Geistes hat Jesus Kranke geheilt, und er hat seinen Jüngern aufgetragen, dasselbe zu tun (siehe Kapitel VIII dieses Buchs). Deshalb gehören die psychischen wie die körperlichen Probleme zur Seelsorge. Der Seelsorger wird hier dem Arzt oder dem Psychiater und dem Psychotherapeuten begegnen und gerne mit ihnen zusammenarbeiten[23].

Im allgemeinen hat die Pastoraltheologie diese Totalität des Menschseins — und deshalb auch den vollen seelsorgerlichen Auftrag — vernachlässigt[24]. Das tut der Arbeit und dem Auftrag des Erzhirten Abbruch. Diese Auffassung rechnet weder mit der Kraft des Geistes noch mit der Realität des menschlichen Lebens. Die christliche Seelsorge zielt darauf ab, das volle Heil Gottes in die Totalität des Menschseins hinein zu verwirklichen, obgleich das Ergebnis dieser Bemühung immer mangelhaft bleiben wird.

Auch deshalb geht es um die Totalität des Menschseins, weil die vier Dreiecke nicht voneinander getrennt werden können. Sie stehen miteinander in Verbindung. Das wird schon beim Verhältnis von Seele und Körper deutlich. Psychische Spannungen können zu Magengeschwüren, körperliche Störungen zu Depressionen führen.

Dasselbe gilt für das Verhältnis zwischen den anderen Dreiecken. Wenn der Friede mit Gott verloren geht, können psychische und körperliche Folgen auftreten. Die Unfähigkeit, Gott zu lieben und ihn als Vater zu sehen, kann die Ursache darin haben, daß man als Kind keine Liebe gekannt oder einen harten Vater gehabt hat. Depressionen lähmen auch das Glaubensleben. Körperliche Krankheiten können zu Glaubensschwierigkeiten führen: »Warum gerade ich?«, »wie kann Gott das zulassen?« Und wenn dunkle Mächte aus der geistigen Unterwelt hereingelassen werden, kann sich das auf die drei anderen Dreiecke auswirken: unsere Beziehung zu Gott, unser psychisches und unser körperliches Gleichgewicht werden angegriffen[25].

Eine Frau wollte bei einem Segnungsgottesdienst mit sich beten lassen. Es ging um ein körperliches Problem. Vorher wollte sie aber eine Sünde beichten, die sie psychisch unruhig machte. Sie empfand einen Drang, diese Sünde wieder zu begehen. Sie brauchte alle vier Elemente: Vergebung, psychische und körperliche Heilung und Befreiung.

Jesus selber hat in seinem in Lukas 4, 18 aufgestellten Programm schon die vier Bereiche der Seelsorge angegeben: Verkündigung der guten Botschaft, Befreiung der Gefangenen, Heilung der Kranken und Aufrichtung der Zerschlagenen. Deshalb und auch wegen des Zusammenhanges zwischen Geist, Seele und Körper kann eine Seelsorge, die auf Jesus hin orientiert ist und von der Kraft des Geistes weiß, sich nicht auf das obere Dreieck beschränken, auf das »geistliche Leben« des Menschen. Sie hat es mit dem ganzen Menschen zu tun, in all seinen Aspekten, in seiner ganzen Not[26]. Sie wird deshalb nicht stehenbleiben können bei einer Seelsorge des *Wortes*, wie Thurneysen und auch der Amerikaner Adams sie entworfen haben. Sie wird sich auch nicht beschränken können auf eine Seelsorge des *Hörens*, wie sie jetzt, auf den Spuren Rogers' und Hiltners, maßgebend ist. Beide Wahrheitselemente in sich aufnehmend wird sie — in den Fußtapfen Jesu — auch eine Seelsorge des *Handelns* sein wollen. Eines Handelns in Vollmacht, in der Kraft des Geistes.

Das *dritte Merkmal* einer Seelsorge in der Kraft des Geistes ist dies, daß sie *auf den ganzen Menschen gerichtet* ist. Sie bedeutet nicht nur eine Vertiefung, sondern auch eine Erweiterung der heute üblichen Seelsorge. Sie bewirkt eine Intensivierung und eine Extensivierung, eine Vertiefung und eine Ausweitung.

II

Die Frage der Vollmacht

Was Vollmacht bedeutet, wissen wir schon aus dem täglichen Leben. Wegen einer Fahrbahnverengung war auf einer Autobahn eine Geschwindigkeitsbegrenzung angegeben. Jedermann hielt sich an die vorgeschriebene Geschwindigkeit. Warum? Die Autokolonne wurde von einem Polizeiauto angeführt, und niemand wagte es, dieses Auto zu überholen. In dem Wagen saßen zwei Männer. Vielleicht hatte der eine Krach mit seiner Frau, und vielleicht konnte der andere nicht mit seinen Kindern auskommen. Aber als Polizeileute besaßen sie Vollmacht. Vollmacht haben zum Beispiel auch Richter, die im Namen des Gesetzes oder im Namen der Bundesrepublik Deutschland, also von einer höheren Autorität eingesetzt, Menschen für ihr Tun verantwortlich machen und eine Strafe auferlegen können.

In der Bibel werden vor allem zwei Begriffe gebraucht: Menschen haben Vollmacht (griechisch »Exousia«, was öfters mit »Recht« oder »Macht« übersetzt ist)[1], und Menschen treten auf im Namen einer höheren Instanz[2].

Nur Gott besitzt absolute Vollmacht. Er hat die Macht und das Recht, seinen Willen durchzusetzen. Während der Schöpfung spricht er, und es geschieht (1. Mose 1). Er hat »Exousia«, Menschen in die Hölle zu werfen (Luk. 12, 5) und wie ein Töpfer aus einem Klumpen ein Gefäß zur Ehre und ein anderes zur Unehre zu machen (Röm. 9, 21). Er besitzt Vollmacht, die Zeit zu bestimmen, in der das Reich für Israel aufgerichtet wird (Apg. 1, 7). Alle Fäden der Vollmacht kommen zusammen beim Thron Gottes.

Alle andere Vollmacht ist entweder gestohlene oder verliehene Vollmacht. Nicht immer ist es deutlich, um welche dieser beiden Möglichkeiten es geht. Denn auch negativen Mächten wird Vollmacht gegeben: Tod und Hölle, Heuschrecken und Pferden (Offb. 6, 8; 9, 3.10). Auch das Reich der Finsternis besitzt eine »Exousia«, es hat Macht und einen Machtbereich. Schon im Alten Testament gibt es Anspielungen, daß diese Vollmacht eine gestohlene ist. Satan bietet seine Vollmacht Jesus an (Luk. 4, 6), er besitzt sie also. Auch Apostelgeschichte 26, 18 und Kolosser 1, 13 sprechen über eine »Exousia« des Satans, der Finsternis. Offenbarung 13, 4. 7.12 weiß von der Vollmacht des Drachen, die dem Tier und einem anderen Tier gegeben wird. Die Vollmacht dieses Reichs der Finsternis scheint ihren Höhepunkt erreicht zu haben zur Zeit der Kreuzigung Jesu. Als er gefangengenommen wurde, sagte Jesus: »Dies ist die Vollmacht der Finsternis« (Luk. 22, 53).

Es existiert »ein Vollmächtiger, der in der Luft herrscht« (Eph. 2, 2), aber sein Machtgebiet ist umgeben vom Willen Gottes und eingeschränkt durch ihn. Gott behält seine Sache fest in der Hand. Er verhindert Grenzüberschreitungen, und er wird diese negative »Exousia« einmal völlig vernichten. Schon jetzt befreit er Menschen aus dieser »Exousia« und versetzt sie in das Reich seines lieben Sohnes (Kol. 1, 13).

Im Mittelpunkt des Neuen Testaments steht, daß der Vater seine Vollmacht Jesus verleiht. Das muß geschehen sein, als bei der Taufe im Jordan Gottes Geist auf Jesus herabkam und Jesus als Gottessohn proklamiert wurde. Dort wird Jesus mit Kraft und Gaben für seinen Dienst in der Welt ausgerüstet (Matth. 3, 17). Jesus verherrlicht den Namen Gottes. Er kommt im Namen des Herrn (Joh. 5, 43; vgl. Matth. 23, 39). Er tut seine Werke im Namen seines Vaters (Joh. 10, 25). So ist Jesus der besondere Träger der Vollmacht Gottes. Er hat die Freiheit, das Recht und die Vollmacht bekommen, Gottes Heilsplan auszuführen. Ganz anders als Satan und seine Helfershelfer steht er in völliger Willenseinheit mit dem Vater. Ihm hat der Vater alle Dinge übergeben (Matth. 11, 27).

Jesus hat Vollmacht, was ihn selber betrifft: Er hat Vollmacht, sein Leben zu lassen und es wiederzunehmen (Joh. 10, 18). Er hat aber auch »Exousia« in seiner Arbeit für andere. So stellen die Menschen fest, daß er Vollmacht zu reden und zu lehren hat und daß diese Vollmacht anders ist als die der Schriftgelehrten, die nur Gesetze auslegen (Luk. 4, 32; vgl. Matth. 9, 8; Mark. 1, 22; Matth. 7, 29). Deshalb übertritt er Sabbatgesetze und vergibt sogar Sünden (Mark. 2, 10). Er schenkt nicht nur Vergebung, sondern hat von seinem Vater auch Vollmacht empfangen, das ewige Leben zu schenken (Joh. 17, 2).

Daneben hat er auch Vollmacht zu besonderem Handeln. Nachdem Jesus den Tempel gereinigt hat, stellt man ihm die Frage, aus welcher Vollmacht er das getan habe (Mark. 11, 28). Im übrigen zeigt Jesus seine Handlungsvollmacht ganz besonders in der Heilung der Kranken und in der Austreibung der Dämonen. Die Menschen stellen fest, daß er diesen unreinen Geistern in Vollmacht gebietet und daß sie ausfahren. Er selber sagt, daß er dies tue als Zeichen, daß Gottes Herrschaft angebrochen sei, und daß er es »durch Gottes Finger« tue (Luk. 11, 20).

Wir bekommen den Eindruck, daß die »Exousia« Jesu vor seiner Auferstehung noch begrenzt ist. Erst nachher sagt er: »Mir ist gegeben alle Vollmacht im Himmel und auf Erden.« (Matth. 28, 18). Und am Ende der Weltgeschichte wird er vom Vater Vollmacht bekommen, Gericht zu halten (Joh. 5, 27).

Die Linie der Vollmacht Gottes läuft vom Thron Gottes zum Sohn Gottes. Aber von Jesus aus läuft der Faden weiter zu den Söhnen und Töchtern Gottes, zur Gemeinde, zu uns. Denn es gibt keinen einzigen Grund für den Gedanken, diese Vollmacht sei nur für das erste Jahrhundert, nur für die Zeit der Apostel bestimmt. Die Gemeinde heute besitzt nicht weniger als die Gemeinde damals. Wenn Jesus den Menschen, die ihn angenommen haben, Vollmacht gibt, Kinder Gottes zu werden, gilt das für alle Jahrhunderte (Joh. 1, 12). Wenn alle, die ihre Kleider waschen, »Exousia« (Anrecht) haben auf den Baum des Lebens und die Tore der kommenden Stadt (Offb. 22, 14), gilt das auch für die Gläubigen aller Zeiten.

Allerdings gibt es auch Vollmachten, die einem ganz persönlich gegebenen Auftrag entsprechen. Als Apostel besitzt Paulus spezielle Vollmacht: er darf Gemeinden aufbauen (2. Kor. 10, 8; 13, 10) und Gehorsam fordern. Er gebietet den Thessalonichern »im Namen des Herrn Jesus« (2. Thess. 3, 6). Und nicht jeder Christ hat zum Beispiel auch ein Recht auf Lebensunterhalt von seiten der Gemeinde (1. Kor. 9, 4; 2. Thess. 3, 9), ein Recht, das Paulus als Apostel nicht in Anspruch nimmt.

Im übrigen aber gilt Gottes Vollmacht allen Gotteskindern. Sie dürfen im Namen Jesu zum Vater beten, und Er gibt ihnen diese auch im Namen Jesu (Joh. 16, 23; 14, 14; 15, 16). Diese Vollmacht wird sich, wie bei Jesus, besonders dann entfalten, wenn die Jünger Jesu mit Gottes Geist erfüllt sind. Dann dürfen sie die Werke Jesu fortsetzen (Joh. 14, 12). Sie werden im Namen Jesu zu anderen Menschen reden. Überall werden sie seine Zeugen sein (Apg. 1, 8). Wenn die Apostel im Namen ihres Herrn sprechen, wird ihnen das zwar verboten (Apg. 4, 17). Sie, und später auch Paulus, predigen aber freimütig im Namen Jesu (Apg. 4, 31; 5, 28; 9, 27) Genau wie Jesus dürfen sie Sünden vergeben oder die Vergebung verweigern (Matth. 18, 18; Joh. 20, 23). Auch handeln die Jünger Jesu in seinem Namen: sie kommen in seinem Namen zusammen (Matth. 18, 20), taufen auf den Namen Jesu (Apg. 2, 38) und üben Barmherzigkeit an Kindern aus (Matth. 18, 5). Aber gerade wie bei Jesus erreicht dieses Handeln einen Höhepunkt in der bevollmächtigten Krankenheilung (Luk. 9, 1.2), die die Gläubigen nach Pfingsten im Namen Jesu ausüben (Mark. 16, 18; Apg. 3, 6; 4, 10), und in der Bekämpfung des Reichs der Finsternis durch die Austreibung der Dämonen (Luk. 9, 1; Mark. 3, 15; 6, 7). Diesen Auftrag Jesu führen die Jünger »im Namen Jesu« aus (Luk. 10, 17). Aber nicht nur die zwölf Jünger treiben böse Geister aus (Mark. 9, 38; Luk. 10, 17-19; Mark. 16, 17). So richtet sich Paulus an einen bösen Geist, der eine Sklavin wahrsagen läßt, mit den Worten: »Ich gebiete dir in dem Namen Jesu Christi, daß du von ihr ausfahrest« (Apg. 16, 18).

Aus diesem biblischen Grundmuster wollen wir jetzt einige Folgerungen ziehen.

1. Die Worte: »im Namen Jesu« sind kein Zauberspruch, keine magische Formel. In der Magie erzwingt man etwas, man will Macht ausüben. In der Magie maßt man sich selbst Vollmacht an. Sie steht deshalb in der Linie Satans, der Vollmacht stiehlt und anbietet. Jesus erwähnt gelegentlich Menschen, die angeblich in seinem Namen gesprochen und geboten haben, die er aber nie gekannt hat (Matth. 7, 23.24). Gehören dazu nicht auch die Söhne Skevas, die sich Vollmacht anmaßen und deshalb eine Niederlage erleiden (Apg. 19, 13.14)? Sie benutzen ja den Namen Jesu, ohne ihm anzugehören. — Auch warnt Jesus vor vielen Menschen, die in

seinem Namen kommen und viele verführen werden (Matth. 24, 5.24). Das ist auch heute zu beachten. Vielleicht gehören dazu die Anhänger des Koreaners Mun oder die Zeugen Jehovas? Wer im Namen Jesu spricht und handelt, muß geprüft werden. Dazu ist die Gabe der Geisterunterscheidung nötig. Bei jedem, der im Namen Jesu auftritt, müssen Glaubensinhalt, Lebensweise und Früchte seiner Arbeit untersucht werden.

2. Besitzt jeder Christ Vollmacht? Wir haben schon gesehen, daß nicht jeder ein Anrecht auf Lebensunterhalt durch die Gemeinde hat. Aber jeder, der Jesus angehört, hat Vollmacht zum ewigen Leben empfangen. Außerdem hat jeder Christ grundsätzlich dieselbe Vollmacht. Er kennt und ehrt den Namen Jesu. Deshalb ist Markus 16, 15-18 für ihn gültig, wo es heißt: »Allen, die da glauben.« Aber dieser prinzipielle Ausgangspunkt muß jetzt verbunden werden mit zwei anderen neutestamentlichen Gesichtspunkten, die diese Aussagen relativieren. Jesus sagt, daß nicht jedermann *gleichviele* Zentner oder Pfunde bekommt (Matth. 25, 14−30; Luk. 19, 11−27); und Paulus sagt, daß nicht jedes Glied am Leib Christi *dieselben* Gaben empfängt (1. Kor. 12, 4−11). Außerdem kommt es vor, daß jemand erst nach längerer Zeit endeckt, welche Pfunde und Gaben er besitzt, oder sie erst im Verlauf der Zeit bekommt. Man kann auch in der Vollmacht wachsen, und dabei spielt die Erfahrung, die ein Mensch im Laufe seines Lebens gewinnt, oft eine Rolle.

3. Vollmacht darf nie stolz machen. Stolz ist fleischlich; Demut ist eine Frucht des Geistes. Wenn einer kommt und sich als bevollmächtigten Seelsorger ausgibt, den sollte man am besten gleich wieder wegschicken. Nicht der Seelsorger, sondern der Auftraggeber, von dem die Vollmacht stammt, soll im Mittelpunkt stehen. Die Ehre kommt nicht Menschen, sondern ihm zu. Wenn im Sprechen und Handeln eines Christen Vollmacht ist, dann soll darin die Gegenwart des Herrn aufleuchten. Der stolze Mensch meint: Vollmacht ist meine Leistung, mein Verdienst. Der Demütige weiß: sie ist ein Geschenk, eine Gnade Gottes.

4. In diesem Geschenk spielt, von unserer Seite aus gesehen, das Verhältnis zu Gott die zentrale Rolle. Markus 16, 17 spricht ja von »denen, die da glauben«. Im Umgang mit Gott hat das Gebet sei-

nen besonderen Platz. Das Maß an Vollmacht hat viel mit unserm Gebetsleben zu tun. Jakobus nennt in diesem Zusammenhang als Beispiel Ellia, »einen schwachen Menschen wie wir« (Jak. 5, 16-18): »Er betete, und es regnete nicht, und er betete abermals, und der Himmel gab Regen.« Ein noch besseres Beispiel ist Jesus selber: er verbrachte ganze Nächte im Gebet.

Neben Glaube und Gebet ist auch das Empfangen der Fülle des Geistes ein Schlüssel zur Vollmacht. Jesus bekam seine Vollmacht, nachdem der Geist auf ihn gekommen war. Die Jünger bekamen — nach einigen Generalproben (Luk. 9 und 10) — ihre Vollmacht zu Pfingsten. So hat das Maß an Vollmacht — von Gott aus gesehen — mit der Anzahl von Pfunden, die jemand bekommt, und — von der menschlichen Seite aus gesehen — mit dem Maß an Umgang mit Gott zu tun.

5. Vollmacht ist also keine konstante Gegebenheit. Kann man Vollmacht auch verlieren? »Der Name Jesu erweist seine Kraft nur da, wo der Mensch sich im Glauben und Gehorsam an Jesus anschließt und den Willen Gottes tut«, sagt das Theologische Wörterbuch zum Neuen Testament[2]. Am Anfang von Lukas 9 verleiht Jesus seinen Jüngern Vollmacht, am Ende desselben Kapitels können sie aber einen besessenen Jungen nicht befreien wegen ihres Unglaubens (Luk. 9, 41).

Vielleicht kann das Gesagte durch den — nicht zulänglichen — Vergleich mit einem Wasserrohr verdeutlicht werden, das mit Quellwasser gespeist wird, während am anderen Ende das Wasser auf das Land ausströmt und für die nötige Bewässerung sorgt. Nur Jesus läßt sich vergleichen mit dem Bild eines Wasserrohrs, durch das alles Wasser hindurchfließt und bei dem kein Wasser verlorengeht. Alle unsere Rohre dagegen haben undichte Stellen und verlieren Wasser. Auch die größten Kirchenführer und die gewaltigsten Evangelisten sind unvollkommene Menschen. Gott ist bereit, unsere »Löcher« lange Zeit zu dulden; doch es kann der Augenblick kommen, wo das Rohr so brüchig geworden ist, daß es unbrauchbar wird, weil das Wasser nicht mehr die dürstende Erde erreicht. Dann muß der große Gärtner das Rohr stillegen: der Strom, der vom Thron Gottes über den Sohn Gottes zu den Kindern Gottes führt, fließt nicht mehr.

Nachdem er den ägyptischen Sklavenaufseher getötet hatte, wurde Mose viele Jahre unbrauchbar für Gottes Plan. David verlor seine Vollmacht nach seinem Ehebruch mit Batseba und nach dem Mord an ihrem Ehemann. Und nach seiner Verleugnung war Petrus wohl unfähig, von Jesus Zeugnis abzulegen oder einen Kranken im Namen Jesu zu heilen. Wenn die Verbindung unterbrochen ist, hilft es nichts, sich auf den Namen Jesu zu berufen.

Auch heutzutage gibt es Leute, die einmal mit Segen und Vollmacht angefangen haben und die dann ausgefallen sind. Wie verhält sich die Gemeinde ihnen gegenüber? Mit Verachtung? Als Richter? Menschen, die vom Herrn besonders intensiv benutzt werden, werden auch besonders intensiv vom Bösen angegriffen. Sie haben ein Anrecht auf unsere Fürbitte, damit sie nicht fallen, und ebenso, nachdem sie gefallen sind. Und die Bibel sagt: »Wer sich läßt dünken, er stehe, mag wohl zusehen, daß er nicht falle« (1. Kor. 10, 12). Aber es ist tröstlich zu wissen: der Herr kann einen unbrauchbaren Menschen auch wieder zurechtbringen. Mose wurde schließlich gebraucht, sein Volk zu befreien. Nachdem er Buße getan hatte, durfte David weiterregieren. Und Petrus wurde am See Tiberias zu seinem alten Auftrag zurückgerufen. Der Faden der Vollmacht kann durch Gottes Gnade wieder geknüpft werden!

III

Das seelsorgerliche Gespräch

Wir haben eine Verabredung getroffen. Die Initiative dazu hat vielleicht der Hilfesuchende ergriffen, der über sein Problem, seine Not sprechen möchte. Auch der Seelsorger kann die Initiative zum Gespräch ergreifen. Vielleicht hat er vernommen, daß der »Konfident« in Not ist. Hat er von einem Dritten von dieser Notlage gehört, dann ist besonderer Takt erforderlich. Er darf sich nicht aufdrängen. Ein erzwungenes Gespräch ist beinahe immer ein unfruchtbares Gespräch. Er kann sich aber anbieten und die Möglichkeit offenlassen, daß der andere dieses Angebot auch ablehnt.

Ein Arbeitskollege eines verheirateten Mannes aus unserer Gemeinde berichtete mir, daß dieser Annäherungsversuche gegenüber einer Sekretärin machte. Ich schickte ihm einen Brief an seine Firmenadresse, gab darin wieder, was ich gehört hatte, und sagte, falls er mit mir darüber sprechen wolle, sei ich dazu bereit; ich könne mir aber auch vorstellen, daß er ein Gespräch ablehnen würde. Umgehend bekam ich Antwort. Das Gespräch fand statt. Das Gemeindeglied belästigte die Sekretärin nicht mehr.

Wenn der Seelsorger Gemeindepastor ist, hat er wegen seines Amtes mit »Konfidenten« des eigenen und des anderen Geschlechts zu tun. Wenn es sich aber um Seelsorge zwischen Gemeindegliedern handelt, dann ist es empfehlenswert, sich an eine alte Grundregel zu halten: »Männer an Männer, und Frauen an Frauen«[1]. Wie jede Regel hat allerdings auch diese ihre Ausnahme. Sie hat ihren Grund darin, daß es schnell zu einem Vertrauensverhältnis kommt, wenn das seelsorgerliche Gespräch positiv verläuft. Die Psychotherapie kennt das Phänomen der Übertragung: Liebesgefühle, die man nie äußern konnte, können auf den Therapeuten übertragen werden. Dieses Phänomen kommt auch in der Seelsorge vor. Wo diese Gefühle in einer Rückübertragung beantwortet werden, mißlingt die Seelsorge, und ihr Ziel, die Nachfolge Jesu, wird verfehlt. Es kann sein, daß das Seelsorgeverhältnis zum Liebesverhältnis wird und daß beide Ehen, die des Ratsuchenden und die des Seelsorgers, zerstört werden.

Ein Hauskreisleiter übernahm die Seelsorge an einem drogensüchtigen Mädchen. Während seine Verlobte im Ausland war, nahm er das Mädchen sogar in sein Haus auf. Bald entwickelte sich eine sexuelle Beziehung. In diesem Fall konnte vieles repariert werden. Das Mädchen verlor schnell seine Liebe zum Seelsorger. Als die Verlobte zurückkehrte und die Geschichte vernahm, vergab sie ihrem Freund.

Der übliche Vorgang in einer Seelsorge ist das Gespräch unter vier Augen[2]. Aber es ist die Frage, ob das Übliche immer auch das Beste ist. Gehört der Hilfesuchende dem anderen Geschlecht an, kann es große Vorteile haben, wenn noch ein Zweiter des anderen Geschlechts beim Gespräch anwesend ist. Dadurch wird die Möglichkeit der Übertragung und der Rückübertragung stark eingeschränkt. Außerdem gilt auch in der Seelsorge die Regel, daß zwei Menschen mehr wissen als einer. Jesus sandte seine Jünger »je zwei und zwei« aus, und auch Paulus hatte einen oder mehrere Reisegenossen. Wenn das seelsorgerliche Gespräch Frucht trägt, dann kann der Seelsorger nie sich allein die Ehre geben.

Ich arbeite gern mit Mitarbeitern zusammen, die andere Gaben vom Herrn bekommen haben als ich. Oft gab er dem Mitarbeiter in einer inneren Vorstellung ein Bild, eine Vision, die den Sachverhalt deutlich machte.

Welche Haltung sollte der Seelsorger einnehmen, wenn er mit jemand seelsorgerlichen Kontakt hat? Er (sie) kann die Haltung eines *Vaters* (einer *Mutter*) einnehmen. Der »Konfident« wird dann als Kind, eventuell als Beichtkind, betrachtet. Viele schätzen diese Haltung außerordentlich. Die Gefahr ist allerdings, daß der Hilfesuchende auf diese Weise kleingehalten wird und daß der Seelsorger sich zwischen ihn und den Vater im Himmel schiebt. Sehr leicht entsteht so eine Abhängigkeit vom Seelsorger. Es gibt zwischen den beiden zu wenig Distanz.

Der Seelsorger kann auch die Haltung eines *Richters* einnehmen. Der Hilfesuchende wird dann vor allem als Schuldiger, als Verbrecher betrachtet. Er wird ermahnt[3], kritisiert, abgeurteilt. Das Erbarmen fehlt. Der »Konfident«, der sich vielleicht selber schon verurteilt hat und von anderen verurteilt worden ist, verschließt sich. Durch diese gesetzliche Haltung gibt es zwischen den beiden zu viel Distanz.

Nach unserer Auffassung ist die einzig richtige Haltung die eines *Bruders* zum Bruder, einer *Schwester* zur Schwester[4]. Wir stehen dann nicht über, sondern neben dem anderen. Jesus hat sein Leben für ihn und für mich dahingegeben; beide leben wir aus seiner Gnade. Der barmherzige Samariter konnte dem beraubten und verwundeten Juden am Wegrand nur dadurch helfen, daß er voll Erbarmen von seinem Esel stieg und sich neben den Mann hinkniete (Luk. 10, 33 ff.). Danach setzte er ihn sogar auf den Esel und ging selber zu Fuß.

Die Liebe macht feinfühlig, »reich an Erkenntnis und aller Erfahrung« (Phil. 1, 9) — mit einem Begriff aus der modernen Seelsorge: die Liebe macht emphatisch. »Wir prüfen, was das Beste sei« (Phil. 1, 10); wir versuchen hinter den Worten des uns Anvertrauten zu lesen und zu verstehen, wer er ist, was er meint, was er fühlt. Sicher können wir hier einiges lernen aus der Psychologie Rogers[5] und aus dem von Hiltner inspirierten »Clinical Pastoral Training«[6]. Beide wollen die Fähigkeit zur hörenden Teilnahme vertiefen. Aber selbstverständlich kann das Training nicht feinfühlig machen; das kann ja nur die Liebe. Ohne diese Liebe ist jede Seelsorge wertlos, ja oft sogar schädlich[7].

Liebe nimmt den andern Menschen so an, wie er ist. Liebe versucht diesen anderen mit den Augen Jesu zu sehen. Der Seelsorger sieht ja im anderen den Bruder oder die Schwester, von Gott erschaffen, von Jesus an seinem Kreuz erlöst. Annahme des anderen bedeutet nicht, daß wir alles an ihm gutheißen, daß wir in allen Punkten mit seiner Haltung oder mit seinem Verhalten einverstanden sind. Aber unsere Gedanken darüber sind vorläufig nicht wichtig. Wir zeigen uns auch keinen Augenblick schockiert von den Dingen, die der »Konfident« uns erzählt. Erst nachdem Jesus einer Ehebrecherin deutlich gezeigt hat, daß er sich neben sie stellt, indem er sie aus der Hand ihrer Richter und Henker rettet, sagt er: »Gehe hin und sündige hinfort nicht mehr« (Joh. 8, 11).

Man kann nur dann einen anderen Menschen akzeptieren, wenn man sich selber akzeptiert hat. Wenn der Hilfesuchende mit etwas ringt, das auch für den Seelsorger ein ungelöstes Problem ist, oder wenn er ein vom Seelsorger verdrängtes Problem ausspricht, dann ist es naheliegend, daß der Seelsorger mit seinem Gesprächspartner nicht weiterkommt. Wir stehen oft nicht nur hilflos, sondern auch intolerant und aggressiv Menschen gegenüber, die dieselben Probleme oder Fehler haben wie wir. Wir können innerlich in Panik geraten und uns dann für den anderen verschließen. Innerlich verkrampfte Seelsorger sind schlechte Seelsorger. Menschen, die ihre eigenen Sünden und Wunden akzeptiert und gegenüber ihrem Herrn ausgesprochen haben und sich von ihm haben vergeben und heilen lassen, können gute Seelsorger sein.

Man kann sich fragen, ob der Seelsorger etwas von diesen eigenen Sünden und Wunden dem ihm Anvertrauten erzählen darf[8]. Wenn er es tun darf, dann bestimmt nicht aus einer Art Zurschaustellung heraus. Auch nicht, indem er dessen Geschichte unterbricht. Aber es kann, wenn der »Konfident« seine Geschichte zu Ende erzählt hat, für diesen eine Ermutigung sein, zu hören, daß sein Bruder oder seine Schwester sein Problem aus eigener Erfahrung kennt, und um zu erfahren, wie er dieses Problem gelöst hat. Auch in diesem Zusammenhang ist es für den Seelsorger gut, wenn er jeden Stolz ablegt und sich nicht hinter der Maske der Fehlerlosigkeit verbirgt.

In diesem ersten Teil der pastoralen Begegnung ist der Seelsorger in erster Linie der Hörende. Man könnte den Evangelisten als den Mann mit dem großen Mund sehen und den Seelsorger als den Menschen mit dem großen Ohr. Durch warme Liebe, Bejahung und Fähigkeit zum Hören wird die Chance größer, daß der Ratsuchende sich verstanden fühlt und so ein Vertrauensverhältnis entsteht.

Während der letzten Jahre ist über das seelsorgerliche Gespräch viel geschrieben worden[9]. Wir verweisen auf diese Literatur und zitieren daraus frei einige Beispiele, wie ein Gespräch anfangen oder auch nicht anfangen sollte:

Eine Nachbarin klingelt und bricht, sobald Sie die Tür öffnen, in Tränen aus: »Ich habe soeben entdeckt, daß mein Mann ein Verhältnis mit seiner Sekretärin hat.« Mögliche Antworten sind:
— Neugierig: »Wie sind Sie dahintergekommen?«
— Parteiisch: »Was für ein hundsgemeiner Kerl!« — »Was für ein Luder, dieses Mädchen!« — »Das ist Ihre eigene Schuld, weil Sie immer so häßlich aussehen!«
— Verallgemeinernd: »Das kommt oft vor, meistens geht es aber nur kurz.«
— Ungefragt beratend: »An Ihrer Stelle würde ich gleich zum Rechtsanwalt gehen.«
Aber das einzig Richtige ist zu verstehen, wie die Frau empfindet, und etwa so zu reagieren: »Was für ein Schock muß das für Sie gewesen sein!«

Ein Arbeitskollege sagt: »Ich habe so Angst vor meiner Blinddarmoperation morgen.« Mögliche Antworten sind:
— Beruhigend: »Eine solche Operation ist heute doch nichts Ernstes mehr.« — »Die Ärzte sind heutzutage so geschickt.«
— Verallgemeinernd: »Jeder ist mal bange. Sogar Jesus hatte Angst in Gethsemane!«
— Psychologisierend: »Bist Du immer ängstlich veranlagt gewesen?«
— Vorwurfsvoll: »Aber Du weißt doch, daß ein Christ in Gottes Hand ist!«
— Vorschnell: »Wollen wir miteinander für diese Operation beten?«
Besser ist es, zunächst auf die Gefühle des Mannes einzugehen und etwa zu sagen: »Du fühlst dich dadurch bedroht . . .«

Der Hilfesuchende gibt uns Anteil an seiner Not, teilt uns sein Problem mit. »Geben« und »Teilen« sind Wörter mit einer tiefen Bedeutung. Wenn wir den andern spüren lassen, daß wir ihn verstehen, bekommt er Mut, sich noch mehr zu öffnen. Das Gespräch kann den Charakter einer Beichte annehmen[10], auf die nachher eine Absolution, ein Ansagen und Zusagen göttlicher Vergebung, folgen darf.

Selbstverständlich hat jeder Seelsorger, ob er ein Amt bekleidet oder nicht, die Pflicht, das vertraulich Mitgeteilte als Beichtgeheimnis zu behandeln. Nichts ist schlimmer, als einen Konfidenten in seinem Vertrauen zu enttäuschen, wenn er spürt, daß seine tiefsten Geheimnisse am nächsten Tag überall bekannt sind.

Während der Seelsorger mit dem einen Ohr zuhört, hört er sozusagen mit dem anderen Ohr auf den Heiligen Geist. Wir haben schon gesehen, wie der Heilige Geist durch eine seiner Gnadengaben Einsicht und Hilfe schenken kann. Auch kann der Seelsorger während des Gesprächs dann und wann, für den anderen unhörbar, in seinem Herzen zu Gott rufen oder − wenn er die Gabe des Sprachengebets bekommen hat − auf diese Weise beten. Durch solch »unaussprechliches Seufzen« (Röm. 8, 26) vertritt uns der Geist selber. Er macht uns dadurch empfänglicher für seine Führung und für die Not des Hilfesuchenden.

In jedem Gespräch spielt auch die sogenannte »nonverbale Kommunikation« eine Rolle. Ein Händedruck, ein Lächeln, ein Kopfnicken sind dann und wann wie »Lieder ohne Worte«. Auch kann manchmal ein Augenblick der Stille eintreten, in dem beide nachdenken über das, was gesagt wurde und was weiterhin gesagt und getan werden müßte. In einer solchen Zeit der Stille können Konfident und Seelsorger auch zusammen hören, was der Geist Gottes über die Situation sagen möchte[11]. Gott spricht durch sein Wort. Es kann hilfreich sein, miteinander eine Antwort aus der Bibel zu suchen. Aber Gottes Geist kann auch in unserem eigenen Herzen sprechen.

Eine Frau wollte die Ehescheidung beantragen. Sie hatte ihrem Mann gegenüber tausend Klagen. Ihr Mann hatte das Angebot zu einem Gespräch abgeschlagen. Am Abend, bevor die Frau ohne Wissen ihres Mannes zu einem Rechtsanwalt gehen wollte, besuchte ich das Ehepaar. Ich schlug beiden vor, Kugelschreiber und Papier zu nehmen und in einer Zeit der Besinnung aufzuschreiben, nicht wo die Fehler des anderen zu finden wären, sondern welche Fehler man vielleicht selber hätte. Der Mann nahm den Vorschlag an, die Frau leistete zunächst Widerstand. Schließlich fingen sie beide an zu schreiben. Er fand bei sich 17, sie 19 Fehler. Ich schlug den beiden vor, ich würde jetzt wieder nach Hause gehen, drängte aber darauf, sie sollten die aufgeschriebenen Punkte einander nach meinem Weggang vorlesen. Sie baten mich, noch zu bleiben. Beide hatten notiert, daß sie wieder mit Gott und der Gemeinde Ernst machen sollten. Die Atmosphäre entspannte sich. Die Ehe war gerettet. Sie konnten einander vergeben.

Ist mit einem solchen Gespräch, oder eventuell mit einer Reihe von Gesprächen, alles getan, was der Seelsorger tun kann? Bringt das Gespräch an sich das erlösende Wort? Möglicherweise wird eine an der Psychologie von Rogers orientierte Seelsorge meinen, dies sei der Fall[12]. Sicherlich ist das Gespräch nötig, damit ein Vertrauensverhältnis entsteht und die Not offenbar wird. Aber meiner Überzeugung nach kommt das Wichtigste nach dem Gespräch[13]. Das Zweiergespräch zwischen Hilfesuchendem und Seelsorger darf jetzt zu einem Dreiergespräch werden. Wenn der »Konfident« zustimmt, und das ist beinahe immer der Fall, wird das Gesagte und Gehörte jetzt vor den Herrn, den großen Hirten, den eigentlichen Helfer gebracht. Bei diesem Gebet darf eine segnende Handauflegung stattfinden, wenn Anlaß dazu besteht und der Anvertraute auch damit einverstanden ist.

IV

Segen und Handauflegung

Zum Jahreswechsel rufen wir Niederländer einander »Viel Heil und Segen« zu. Ob wir wissen, was wir damit meinen? Viele unserer Wörter sind abgedroschen, bloße Phrasen. Als ich zum ersten Mal Paris besuchte, waren die schönen Gebäude voller Dreck. Während späterer Besuche glänzten sie vor Sauberkeit. Sie waren gereinigt worden. Ähnliches müßte auch mit dem Begriff »Segen« geschehen. Wir kennen den Segen aus unseren Gottesdiensten. Wenn der Segen gesprochen ist, wissen wir, daß der Gottesdienst zu Ende ist. Aber wieviele Gemeindeglieder erfahren noch den Segen als ein stärkendes, heilendes Handeln?

Der Segen hat zwei Bestandteile: er besteht aus einem Sprechen und aus einem Handeln. Darin hat der Segen etwas Sakramentales; auch bei Taufe und Abendmahl wird gesprochen: »Ich taufe dich im Namen des Vaters, des Sohnes und des Heiligen Geistes« – »Das ist mein Leib . . . Dieser Kelch ist das neue Testament in meinem Blut.« Und dann die Handlung: Wasser wird ausgegossen (vielleicht wird der Täufling untergetaucht), Brot wird gebrochen, der Kelch wird gereicht. So gibt es auch bei Taufe und Abendmahl eine Einheit von Wort und Handlung.

Achten wir zuerst auf das Segenswort. Der Gesegnete (auf Hebräisch »baruch«) heißt auf Griechisch »eulogèmenos«, auf Lateinisch »benedictus«. Diese beiden letzten Wörter bedeuten wörtlich: »derjenige, über den Gutes gesagt wird«. Von Natur aus sind wir eher dazu geneigt, über Menschen Schlechtes zu sagen: lieblos zu kritisieren, zu verurteilen, zu klatschen. Damit kommen wir in die Nähe des Fluches. Aber wir sind zum Segnen berufen: gut, positiv, aufbauend zu reden, damit wir selber Segen ererben (1. Petr. 3, 9).

In der Bibel geht es in erster Linie um den Segen, den Gott ausspricht oder aussprechen läßt. Schon in 1. Mose 1 segnet Gott die Fische, die Vögel und die Menschen. Er begrüßt sie, er sagt Gutes über sie: sie dürfen da sein. So ist der Segen lebenerweckend und lebenstärkend. Im Segen wird das Heil Gottes zugesagt. Der Mensch darf im rechten Verhältnis zu Gott und zum Mitmenschen leben, in einer harmonischen Ordnung. Deshalb ist der Segen eng mit dem »Schalom« verbunden: mit dem Frieden, der guten Ordnung Gottes. Zwar bricht nach 1. Mose 3 und 4 der Mensch diese gute Ordnung, und deshalb bekommt der Fluch, der Tod, seine Chance. Aber im Gottesbund, zuerst mit Noah, dann mit Abraham und in ihm mit ganz Israel, wird das Verhältnis in gewissem Rahmen wiederhergestellt. Segen ist beginnender »Schalom«, und »Schalom« ist vollendeter Segen. Von Gott geht eine wirksame Kraft aus, die »Schalom«, gute Ordnung, Heil verwirklicht.

Das wird auch deutlich im Segen Aarons (4. Mose 6, 22—27): »Der Herr segne dich und gebe dir Frieden (Schalom).« Im Segen leuchtet der Name, das ist die Gegenwart Gottes, auf. So sagt Psalm 139, 5: »Von allen Seiten umgibst du mich und hältst deine Hand über mir.« Das schließt an den Segen an, bei dem der Name Gottes auf die Kinder Israels gelegt wird (4. Mose 6, 27).

Aus der grammatischen Form (»segne«) könnte man schließen, daß es sich beim Segen an erster Stelle um einen Wunsch, um ein Gebet handelt. Viele haben deshalb auch die Gewohnheit, beim Segen die Augen zu schließen. Aber die auf Hebräisch benutzte sprachliche Form kann besser wiedergegeben werden mit: »Der Herr wird dich segnen.« Die Segensworte in der Bibel sind nicht unverbindlich, sondern mit Inhalt gefüllt. Es geschieht etwas! Isaak kann den Segen, den er Jakob geschenkt hat, nicht rückgängig machen, genausowenig wie Bileam, der gegen den Auftrag des Königs von Moab Israel segnet, diesen Segen zurücknehmen kann (4. Mose 22—24). Wenn ein Mensch im Namen Gottes den Segen ausspricht, ist Gottes Wort darin mit Kraft gegenwärtig. Und auf Hebräisch kann man Wort und Tat mit demselben Begriff (»dabar«) wiedergeben. Das Segenswort ist etwas Wirkliches. Der Segen sagt uns vollmächtig Gottes Willen zu, mit uns Menschen Gemeinschaft zu haben. Unser Segenswort ist gefüllt mit der Kraft des segnenden Herrn. Deshalb ist der Segen kein magischer Spruch, keine unpersönliche Kraft, kein kosmisch-göttliches Fluidum, das in Bewegung versetzt und übertragen wird — genausowenig wie die biblische Vollmacht (siehe Kapitel II). Der Segen fließt aus einer persönlichen Beziehung zwischen Gott und Mensch, stärkt diese oder stellt sie wieder her. So ist es auch im zwischenmenschlichen Verhältnis.

Segen beruht nie auf der Macht von Menschen, sondern auf der Liebe Gottes. Deshalb kann der Segen des Apostels Paulus auch über »die Liebe Gottes« sprechen (2. Kor. 13, 13).

Aber Gottes Segen verlangt auch eine Antwort. Im Alten Testament wird deutlich, daß der Mensch auch Gott segnet. Segnen ist ja: positiv über jemanden sprechen. Gott segnen ist also eng verbunden damit, Gott zu loben und zu preisen. Gott ist »der Gesegnete« (Mark. 14, 61). Das jüdische Tischgebet lautet: »Gesegnet seist Du, Herr unser König, der das Brot aus der Erde hervorkommen läßt.« Und auch auf der horizontalen Linie, von Mensch zu Mensch, wird gesegnet. Die Erzväter segnen ihre Söhne. Der jüdische Gruß »Schalom« ist ein Segenswunsch. Jesus grüßt seine Jünger mit: »Friede sei mit euch.« Darin steckt eine liebevolle horizontale Kommunikation: »Schön, daß du da bist, du darfst da sein, ich gebe dir allen Raum, den du brauchst.« Vor Jahren entdeckte man, daß Babies in Krankenhäusern in großer Zahl dahinsiechten, weil es ihnen an liebevoller Kommunikation fehlte. Ohne liebevolle Bestätigung starben sie. Aber auch Erwachsene brauchen diese liebevolle Bestätigung, sonst werden sie einsam und frustriert.

Im Alten Testament waren es vor allem die Priester, die segnen durften. Jesus steht nicht in der Linie Aarons. Trotzdem segnete er. Der Hebräerbrief stellt ihn in die Linie Melchisedeks, des Priesterkönigs von Jerusalem, und spricht über Jesus als über den wahren Hohepriester. Er segnet Kinder. Während seiner Himmelfahrt segnet er seine Jünger, seit Pfingsten segnet er sie vom Himmel mit »Kraft aus der Höhe«. Er macht seine Jünger zu königlichen Priestern (1. Petr. 2, 9; Offb. 1, 6). Wenn Christen Jesus hingegeben leben, leihen sie ihm ihre Stimme (und ihre Hände!), damit er als der große Hohepriester durch sie seinen Segen austeilen kann. Der Ordnung wegen kann man das Sprechen des Segens im Gottesdienst einem Amtsträger anvertrauen. Prinzipiell gehört es freilich dem allgemeinen Priestertum an. Alle, die ihm nachfolgen, ruft Jesus auf, die zu segnen, die ihnen fluchen (Luk. 6, 28; vgl. Röm.

12, 14; 1. Kor. 4, 12; 1. Petr. 3, 9). Und kennen nicht viele Liturgien einen gegenseitigen Segen zwischen Prediger und Gemeinde: »Der Herr sei mit Euch« — »Und mit deinem Geiste«? Und so hat nach einem Seelsorgegespräch, beim Gebet, in dem alle Not zu Gottes Thron hinaufgetragen wird, auch ein segnendes Wort und eine segnende Handlung ihren Platz, auch wenn der Seelsorger kein Pastor ist.

Von jeher ist der Segen mit einer Handlung verbunden. Und zwar ganz buchstäblich: die Hände werden gebraucht. Wenn der Segen über eine ganze Gruppe ausgesprochen wird, werden die Hände über die Gruppe ausgebreitet; wenn es um ein oder zwei Menschen geht, werden die Hände aufgelegt. Romano Guardini hat einmal gesagt: die Seele des Menschen spiegelt sich außer in seinen Augen auch in seinen Händen wider. Die Hände sind ein Werkzeug, ein Spiegel der Seele. Das ist schon im Alltagsleben der Fall: ein Streicheln, eine Umarmung, ein Händedruck, eine Geste, ein Gruß, ein Applaudieren. Und im Umgang mit Gott kennen wir ein Aufheben der Hände im Lobpreis, ein Händefalten im Gebet und ein Auflegen der Hände beim Segen. Was beinhaltet dieses Handauflegen?

Erstens ist Handauflegung eine Beschlagnahme. Wir sagen, daß wir auf etwas die Hand gelegt haben. Es ist also ein In-Besitz-Nehmen, ein Zum-Eigentum-Machen: wenn Gott uns segnet, macht er uns zu seinem Eigentum.

Zweitens ist Handauflegen auch ein Beschützen. In vielen Häusern hängt das Bild einer Plastik von Maria Steigerwald: ein Kind befindet sich im Schutze einer großen Hand[1]. Wenn der Herr seine Hand über uns hält, müssen andere Mächte ihre Hand zurückziehen.

Drittens heißt Handauflegen speziell, an etwas Anteil zu geben und an etwas Anteil zu bekommen. So legt Mose etwas von seiner Hoheit, von seinem Gewicht, von seiner Aufgabe auf Josua, der auf diese Weise mit dem Geist der Weisheit erfüllt wird, »denn Mose hatte seine Hände auf ihn gelegt« (4. Mose 27, 20.23; 5. Mose 34, 9). Wenn Gott seine Hand ausstreckt, geschieht Versöhnung, Gemeinschaft. Wenn wir anderen die Hände auflegen, geht es dabei um die durchbohrten Hände Jesu. Er legt seine Hände mit den Nägelmalen auf uns. Er wurde unser Hohepriester durch das Opfer seines Lebens, durch sein Blut. An seinem Kreuz stellte er durch die Versöhnung mit Gott die Gemeinschaft wieder her und gab uns Anteil an Gottes Reich. Deshalb könnte der Segen auch mit einem Kreuzzeichen gegeben werden. Wir werden erinnert an den Ort, wo der Schalom erneuert wurde und immer wieder erneuert wird. Auch wo die Handauflegung durch Menschen geschieht, werden wir von Christus berührt. Weil der Gekreuzigte in die tiefsten Schichten der menschlichen Not drang, kann er auch in die tiefsten Schichten meiner Not dringen. Er will Raum, Licht und Erleichterung bringen in unserem Leiden.

So wirken in der Handauflegung die Übermacht und die liebevolle Solidarität des Herrn. Die Handauflegung ist die Handlung, die das Segenswort unterstreicht und bekräftigt. Sie hat den Charakter eines Zeichens und eines Siegels. Warum sollten wir diese Handlung verachten oder vernachlässigen? Auch wenn viele denken, sie sei etwas völlig Nebensächliches: im Neuen Testament wurde sie für so wichtig gehalten, daß Hebräer 6, 2 sagen kann, daß die »Lehre vom Händeauflegen« zum Grundunterricht des Christen gehört.

Das segnende Wort und die segnende Handlung haben in vielen Lebenssituationen ihren Platz. Sie können in der Familie geübt werden. Jesus segnete die Kinder. Bei vielen der Veranstaltungen, an denen ich teilnehme, findet eine Kindersegnung statt – für die Kinder ein Höhepunkt. Und wer beim Verlassen des Elternhauses einen Segen von seinen Eltern mitbekam, vergißt das nicht so leicht.

Bevor er in den Krieg ziehen mußte, wurde ein deutscher Soldat von seiner Mutter gesegnet. Als er im französischen Dorf Oradour eingesetzt wurde, um die Einwohner zu erschießen, sah er plötzlich das Bild seiner ihn segnenden Mutter vor sich. Er weigerte sich zu schießen. Beinahe kostete diese Befehlsverweigerung ihm selber das Leben.

Vor seinem Sterben segnete der alte Johann Christoph Blumhardt seine beiden Söhne mit den Worten: »Ich segne dich zum Siegen.«

Auch im Gottesdienst wird häufig unter Handauflegung gesegnet, so bei der Konfirmation und bei der Einsetzung der Kirchenältesten; für ihren künftigen Dienst bekommen sie einen Segen mit (vgl. Apg. 6, 6; 13, 3).

Ebenso kommt es in der Seelsorge immer wieder zu einer segnenden Handauflegung. Menschen, die Verlangen haben nach der Erfüllung mit dem Heiligen Geist, werden gesegnet, wie es in Apostelgeschichte 8, 17; 9, 17 und 19, 6 geschah. Und wie wir schon sahen, wird die im seelsorgerlichen Gespräch deutlich gewordene Not mit Handauflegung unter den Segen des Herrn gebracht. So kann die Handauflegung auch stattfinden, wenn nach einem Beichtgespräch die Vergebung des Herrn zugesagt wird. Wenn bei der Befreiung von Gebundenen die Hände aufgelegt werden (wie Luk. 13, 13), bedeutet dies, daß die Mächte der Finsternis sozusagen von Jesus festgenommen werden. Und wenn jemand krank ist, dürfen wir wissen, daß der Segen des Herrn auch in die körperliche Existenz des Kranken dringen kann. So wie ein Patient »unter den Händen des Arztes« ist, so kommt er jetzt unter die Hände des großen Arztes. Gottes »Schalom« will auch die Gesundheit seiner Kinder umfassen. Es kommt vor, daß sie bei einer solchen Handauflegung von Kraft oder von Wärme durchströmt werden. Manchmal fängt ein Heilungsprozeß an. Aber auch wenn keine Heilung stattfindet, wirkt sich der Segen aus: der Herr gibt mehr Mut, Kraft, Freude, Geduld, Entkrampfung.

So wirkt Gott selber im Segen, und seine Herrschaft ist dadurch in der Welt gegenwärtig. Doch in der Welt nehmen auch Unordnung, Zerstörung, Not und Fluch zu. Nach dem letzten Krieg habe ich von einer Christusstatue ohne Hände gelesen, die in einer zerstörten Kirche stand. Jemand hatte darunter geschrieben: »Ihr seid meine Hände.« War das ein Aufruf, selber tätig zu werden? Damals habe ich das so aufgefaßt. Aber heute meine ich: wir haben die Aufgabe, segnende Hände auszustrecken.

Auch heute will der Herr Menschen in Not segnen. Wen sonst hat er für diese Aufgabe als seine Bundesgenossen, seine Handlanger, damit auch durch ihre Seelsorge andere Menschen Integration, Stützung, Kommunikation, Heil und Heilung finden? Wenn es wahr ist, daß die Welt fast nichts dringender braucht als segnende Hände, wird es höchste Zeit, daß die Gemeinde Jesu in ihrer Seelsorge die segnende Handauflegung wieder entdeckt, die nach Hebräer 6, 2 zu ihren Grundlagen gehört.

V

»Lasset euch versöhnen mit Gott«
Der Mensch als Sünder und als Kind Gottes

»Jede Not ist Sündennot, jede Hilfe ist Vergebungshilfe« hörten wir
Thurneysen sagen (vgl. Kap. I/2 dieses Buchs). Diese Aussage und
die damit verbundene Definition von Seelsorge: »Die Botschaft der
Vergebung dem Einzelnen bringen« sind sicher einseitig. Die Seelsorge kennt, wie wir noch sehen werden, mehr Nöte und mehr Auf-
gaben. Aber Thurneysen hat doch das Herzstück jeder Seelsorge
angezeigt: jenen Aspekt der Seelsorge, der den Geist des Menschen,
sein geistliches Leben, seine Beziehung zu Gott — das obere Dreieck unseres Schemas — betrifft[1]. Eine Seelsorge, die dieses Herzstück vernachlässigt, ist blutlos, so wie ein Glaubensleben, das
nicht die Wirklichkeit des Opfers am Kreuz, des Blutes Jesu, zum
Mittelpunkt hat, blutlos wird.

Als Gottes Geschöpf ist der Mensch berufen, Kind und Verwal-
ter Gottes zu sein. Aber im Gegensatz dazu benimmt er sich immer
wieder als Rebell, als Besitzer. Er verfehlt sein Lebensziel. Dieses
Verfehlen wird im Begriff »Sünde« ausgedrückt. Menschen leben
»dem Fleisch nach« mit ihrem Ich als Mittelpunkt, statt mit Gott
als Mittelpunkt »dem Geist nach«. Auch wo sie anfangen, Gottes
Ruf zu verstehen, und wo sie Jesus als ihren Herrn wählen, neigen
sie doch dazu, dieser Berufung immer wieder untreu zu werden,
trotz allem eigene Wege zu gehen und erneut Teile des Lebens in
die eigene Hand zu nehmen. »Dem anderen helfen, Jesus nachzufolgen« bedeutet also, diesen anderen zurückzubringen in die
Nachfolge. Seelsorge gibt den Ruf des großen Hirten wieder:
»Komm zurück!« Sie kennt die ausgestreckten Hände, die der
Vater dem verlorenen Sohn entgegenhält (Luk. 15, 20).

Genau hier hat das Schuldbekenntnis, die Beichte, ihren Platz
(vgl. Luk. 15, 21). Das Vertuschen der Schuld, das Verdrängen
berechtigter Schuldgefühle, stärkt Menschen in ihrem Widerstand

Gott gegenüber und ist außerdem psychisch ungesund, weil so die Lage nicht ehrlich offengelegt wird und der Mensch in seiner Lüge weiterlebt[2].

In der Gegenwart eines Seelsorgers dürfen wir die Sünde bekennen, wir sprechen sie so offen vor Gottes Angesicht aus. Anschließend darf unter segnender Handauflegung die Vergebung zugesagt werden. So steigt der Mensch von seinem zu Unrecht bestiegenen Thron herab und kniet vor Gottes Thron, vor dem Kreuz Christi. Dort werden die Sünden abgelegt, wird die Schuld vergeben, wird ein neuer Anfang gemacht. Darüber hinaus ist es immer wieder nötig, den Schaden, den wir bei Mitmenschen angerichtet haben, wiedergutzumachen: sich mit seinem Nächsten zu versöhnen; jemand, den man falsch behandelt hat, um Verzeihung zu bitten; unehrlich erworbene Güter zurückzugeben, Lügen durch Wahrheit zu ersetzen.

Die Seelsorge, die sich in unserem oberen Dreieck abspielt, hat zwei Aspekte. Der erste war, daß »Christus für uns« ist. Es gilt dabei, den anderen zurückzubringen zur Vergebung und ihn bei ihr und in der Gotteskindschaft festzuhalten. Den zweiten Aspekt könnte man umschreiben als »Christus in uns«. Der Mensch nämlich ist zwar zur Gotteskindschaft berufen; er ist damit aber nie fertig. Immer ist Raum da für weiteres Wachstum. Wer anfängt, Jesus nachzufolgen, ist zwar eine neue Kreatur geworden (2. Kor. 5, 17); aber diese neue Schöpfung soll immer voller und tiefer verwirklicht werden[3]: »Ich lebe, doch nun nicht ich, sondern Christus lebt in mir« (Gal. 2, 20). Seelsorge will dazu helfen, daß wir immer mehr die Herrlichkeit Christi widerspiegeln, daß wir ihm ähnlicher werden, daß er in uns Gestalt gewinnt (2. Kor. 3, 18; Röm. 8, 29; Gal. 4, 19). Hier berühren wir die Definition der Seelsorge von Jay Adams: »Dem andern helfen, geheiligt zu werden.«[4] Aber wir sehen die Heiligung nicht zuerst als das, was wir für Christus tun, als unser Werk der Dankbarkeit, wie der Heidelberger Katechismus es nennt. Wir sehen Heiligung als das, was Christus jetzt durch seinen Geist in uns tut — aufgrund von allem, was er für uns getan hat. Sicherlich sind wir selber dafür verantwortlich, ob wir in ihm bleiben und so ihm ermöglichen, seine Arbeit in uns zu tun. Danach ist also auch der Mensch in diese Heiligung einbezogen[5]. Die Seelsorge will Menschen helfen, die Frucht des Geistes hervorzubringen (Gal. 5, 22). Sie will im Dienst des großen Weingärtners helfen, den Bruch zwischen Weinstock und Reben zu erforschen und zu heilen und die Reben zu reinigen, damit sie mehr Frucht tragen (Joh. 15, 2). So gesehen ist Heiligung »das Reifen der Frucht des Geistes«[6]. Menschen, die diese Frucht bei sich reifen lassen wollen, werden deshalb von Paulus »Heilige«, das sind »Geheiligte«, genannt.

Darum ist es wichtig, daß der Heilige Geist für die Gläubigen eine tiefe Wirklichkeit ist. So wie es eine Taufseelsorge gibt für die Aufnahme in den Bund mit Gott und den Leib Christi, so wendet sich die Seelsorge auch dem Erfülltwerden mit dem Heiligen Geist zu. Je mehr Gottes Geist gegenwärtig ist, um so reicher kann die Frucht des Geistes hervortreten. Jesus ist es, der mit seinem Geist tauft und der nach Kreuz, Auferstehung und Himmelfahrt, nach seiner »Verherrlichung« (Joh. 7, 39), diese Fülle des Geistes denen, die ihm nachfolgen, schenken will. Nach dem ersten Pfingstfest kommt der Geist ja zu den nachfolgenden Generationen (»eure Kinder«) und zu anderen Ländern und Kulturen (»alle, die ferne sind«: Apg. 2, 39).

So richtet sich Seelsorge auf Ermutigung zur Nachfolge, Glaubenswachstum, Vertiefung der Hingabe an den Herrn und den Umgang mit ihm. Dazu gehört auch die Förderung des Gebetslebens, also zum Beispiel die Möglichkeit, den Tag anzufangen und zu beenden mit einer stillen Zeit, in der eine Bibelstelle gelesen und bedacht wird und die Dinge des Alltags vor den Herrn gebracht werden, wo er angebetet wird »im Geist und in der Wahrheit« (Joh. 4, 24), in der eigenen oder der vom Geist neu dazu geschenkten Sprache.

Seelsorge will so eine Hilfe zur Mündigkeit sein. Die Gotteskinder dürfen zu erwachsenen Söhnen und Töchtern Gottes heranwachsen. Dieses Wachstum vollzieht sich durch das ganze Leben hindurch, weil die Nachfolge Jesu das ganze Leben umfaßt.

Die Seelsorge, die sich im oberen Dreieck abspielt, hat als dritten Aspekt die Gemeinschaft. Die Töchter und Söhne Gottes bilden zusammen die Familie der Gotteskinder, die Gemeinschaft der

Heiligen. Dem guten Hirten nachfolgen kann man nur zusammen mit der ganzen Herde[7]. Deshalb umfaßt Seelsorge auch, sich gegenseitig bei der Herde festzuhalten. Das Gleichnis Jesu vom Hirten, der ein verlorenes Schaf sucht, findet und zur Herde zurückbringt (Luk. 15, 3-7), ist ein Modell für diesen gemeinschaftsbildenden und Gemeinschaft wiederherstellenden Aspekt der Seelsorge[8].

Es ist möglich, daß jemand von der Herde weggelaufen ist, weil er der Sünde nachgegeben hat und sich deshalb vom Hirten entfernt hat. Die neue Versöhnung mit dem Vater, das Annehmen der Vergebung Jesu wird dann sehr bald eine neue Eingliederung in die Gemeinde mit sich bringen.

Ein Mann, der ein treues Gemeindeglied war, fing an, den Gottesdienst zu vernachlässigen. Er erzählte mir, daß er starke Glaubenszweifel bekommen hatte. Aus dem weiteren Gespräch ergab sich, daß er während einer Party mit der Frau eines Freundes geschmust hatte. Er hatte das als Sünde erfahren, das Schuldgefühl hatte an seinem Glauben genagt und ihn so auch von der Gemeinde ferngehalten. Schuldbekenntnis und Verkündigung der Gnade stellten mit seinem Glaubensleben auch sein Band mit der Gemeinde wieder her.

Es kann aber auch sein, daß jemand von der Herde weggezogen wird, weil er meint, in einer anderen Glaubensgemeinschaft Jesus besser nachfolgen zu können. Wenn diese Gemeinschaft ebenfalls Jesus als Herrn und Heiland bekennt und also ein Teil seines Leibes ist, wird der Seelsorger für diese Entscheidung Verständnis haben. Wenn aber diese Gemeinschaft stark sektiererische Züge zeigt und deutlich das Evangelium reduziert und entstellt, oder wenn sie sich voll und ganz vom Evangelium getrennt hat, muß er in seiner Seelsorge darum ringen, daß derjenige, der sich von der Herde entfernen will, festgehalten oder zurückgebracht wird. Deshalb muß der Seelsorger Bescheid wissen zum Beispiel über Lehre und Praxis der Zeugen Jehovas oder der Mormonen, sowie der orientalische, gnostische und okkulte Züge tragenden Strömungen wie Theosophie, Anthroposophie, Rosenkreutzer und der asiatischen Heilswege wie Yoga, Transzendentale Meditation, Zen-

Buddhismus, der modernen Jugendsekten, sowie des Spiritismus und des Satanismus[9].

Je eindeutiger und stärker die Gemeinde eine Bewegung ist, die ihr Zentrum in Jesus Christus sucht, um so weniger haben die Kräfte eine Chance, die von Jesus und von der Gemeinschaft derer, die ihm nachfolgen, wegführen.

Der Heilige Geist, der Christus verherrlicht und in den Mittelpunkt stellt (Joh. 16, 14), baut die Gemeinde auf. Wer die Fülle des Geistes empfangen hat, wird mit Gnadengaben zum Aufbau der Gemeinde und zum Dienst an ihr ausgerüstet. Jedes Glied am Leib Christi empfängt vom Heiligen Geist sozusagen ein eigenes Instrument (1. Kor. 12). So wird die Gemeinde zu einem großen Orchester, dirigiert vom Geist. Die Hirten der Gemeinde helfen den Gemeindegliedern, ihr Instrument richtig zu stimmen und zu spielen. Sie rüsten sie zum Werk des Dienstes aus (Eph. 4, 12). So darf dieses Orchester die Melodien des Gottesreiches spielen. Das harmonische Zusammenspiel und die Schönheit der Melodien stärken während des Gottesdienstes und danach die Verbundenheit der Gemeindeglieder. Und diese Musik dringt durch die Kirchenmauern hindurch, und die Welt fängt ihre Melodie auf.

Das bringt uns zum vierten Aspekt dieses Teils der Seelsorge. Die Gemeinde folgt ihrem Herrn in dieser Welt nach. Sie zieht auf ihrem Weg durch die Welt[10].

Das Neue Testament spricht über die Welt unter einem Doppelaspekt. Der »Kosmos« ist einerseits die von Gott abgefallene Welt, die gegen Gott rebellierende Provinz des Weltalls. Andererseits ist dieser Kosmos gleichzeitig die von Gott geschaffene Welt, der Gegenstand seines Heilshandelns[11]. Unter dem einen Aspekt gesehen kann der Apostel Johannes sagen: »Habt nicht lieb die Welt« (1. Joh. 2, 15), unter dem anderen sagt derselbe Apostel: »Also hat Gott die Welt geliebt, daß er seinen eingeborenen Sohn gab« (Joh. 3, 16).

Dieser Doppelaspekt hat auch Konsequenzen für die Seelsorge. Einerseits sieht diese in der Welt eine Bedrohung, andererseits eine Aufgabe für die Gemeinde.

Die Bedrohung besteht darin, daß die Gemeinde sich dieser Welt gleichstellen könnte (Röm. 12, 2). Jesus nachfolgen bedeutet ja: »ohne Tadel mitten unter einem verderbten und verkehrten Geschlecht« leben (Phil. 2, 15).

Immer wieder spricht der Apostel Paulus über die unsichtbaren Mächte, die diese Welt regieren[12]. Wer sich vom Zeitgeist bestimmen läßt, gerät in den Griff dieser Mächte. Sie mögen ursprünglich von Gott erschaffen sein; aber durch den Aufstand gegen Gott sind sie pervertiert worden. Mit diesen pervertierten Mächten hat es die Gemeinde zu tun. Wir nennen fünf solche Mächte.

Zuerst gibt es die Macht »Autos«. Das Ich behauptet die eigene Autonomie. Nicht Gott der Schöpfer, sondern der Mensch, das Geschöpf, hat die Herrschaft in Händen. Die alte Verführung: »Ihr werdet sein wie Gott« (1. Mose 3, 15) wirkt auch in modernen Bestrebungen nach Selbstverwirklichung und Selbsterlösung weiter. »Autos« bringt aber auch andere Mächte mit sich:

Beim »Kratos« sucht der Mensch Macht zu erwerben und zu behalten. Autonomie läuft auf Autokratie hinaus. Man sucht darin Befriedigung, daß man Menschen und Dinge manipulieren kann. Im Großen strebt man nach Herrschaft etwa der eigenen Doktrin oder der eigenen Rasse. »Kratos« ist die Grundlage von Nationalsozialismus und Marxismus.

Daneben und oft damit verbunden gibt es die Macht »Mammon«. Jesus erwähnte sie (Luk, 16, 9.11.13). Geld und Besitz werden Maßstab, Sinn und Ziel des Lebens. »Eine gute Ehe schließen« bedeutet: einen reichen Ehepartner angeln. Mammon ist der Grund von Kapitalismus und Korruption.

Eine vierte Macht ist »Venus«, die pervertierte Sexualität, die im Mitmenschen des anderen (oder sogar des eigenen) Geschlechts ein zu eroberndes Gebiet, ein Lustobjekt sieht. Venus ist die Grundlage von Ehebruch und Pornographie.

Die fünfte Macht, »Thanatos«, der Tod, ist die Konsequenz der vier anderen Mächte. Der Mensch, der sich zum Herrn seines Lebens gemacht hat, wird zum Vernichter des Lebens. Er vernichtet sich selber, zum Beispiel durch Nikotin, Alkohol, Drogen, Geschlechtskrankheiten, er vernichtet die Umwelt, er vernichtet andere durch Abtreibung oder Krieg.

In den Dienst des Schöpfers gestellt, würden diese Mächte eine positive Rolle spielen: das Ich dient dem Herrn, die Macht ist zum Dienst an den Mitmenschen da, unser Geld ist Gottes Eigentum, die Sexualität ist ein Geschenk an Menschen, die ihr Leben in Liebe aneinander binden, das Sterben ist ein Umziehen in die Herrlichkeit Gottes. Aber wenn sie von Gott gelöst werden, bekommen diese Mächte Macht über den Menschen.

Auf ihrem Weg durch die Welt werden die Christen mit diesen fünf Mächten konfrontiert. Als Bürger des Reiches Gottes sind sie ja zugleich Erdenbürger. Die seelsorgerlichen Worte im Neuen Testament geben viele Anweisungen für den Lebenswandel des Christen, für den Lebensstil der Gemeinde. Auch in unserer Zeit ist es ein wesentlicher Teil der Seelsorge, dem heutigen Menschen zu helfen, von der Herrschaft dieser Mächte freizubleiben oder freizuwerden. Auch Predigt und Religionsunterricht sind dabei eine Hilfe, aber gerade im seelsorgerlichen Gespräch kann man mit Menschen persönlich und deshalb konkret über den Stellenwert des Geldes, über die Anziehungskraft des Rassismus, des Alkohols oder der Pornographie sprechen. In solch einer Seelsorge wird auf vielerlei Weise deutlich, daß die Gemeinde in der Nachfolge des Herrn zwar »in der Welt« (Joh. 17, 11; 18, 37) aber nicht »von der Welt« (Joh. 15, 19; 18, 36) ist. Wir können das den »asketischen Zug« in der christlichen Seelsorge nennen — nicht in einem gesetzlichen Sinn, sondern in dem Sinn, daß wir nicht mehr von der Welt her bestimmt werden.

Freilich sagt die Gemeinde nicht nur »nein«, sondern auch »ja« zur Welt[13]. Die Welt ist ja auch die von Gott erschaffene und geliebte Welt. Durch sein Kommen in diese Welt, durch sein Sterben und durch seine Auferstehung ist Jesus, der Hirte seiner Herde, zum Herrn der Welt geworden. Auch auf Erden ist ihm alle Gewalt gegeben (Matth. 28, 18), und er lehrt seine Jünger beten, daß Gottes Wille auch auf Erden geschehe (Matth. 6, 10). Das Wort Nietzsches: »Brüder, bleibt der Erde treu«, hätte auch Jesus gesprochen haben können. Er, der das Licht der Welt ist, ruft die Gemeinde, die ihm nachfolgt, dazu auf, ebenfalls Salz der Erde und Licht der Welt zu sein (Matth. 5, 13.14). Sie kann das aber nur dann sein, wenn sie nicht der Welt gleichgestellt, salzlos, verfinstert, infiziert ist. Erst dann können Christen als Lichter in der

Welt scheinen, wenn sie mitten unter einem verderbten und verkehrten Geschlecht lauter, ohne Tadel und unsträflich sind (Phil. 2, 15). Nur eine Gemeinde, die dem Zeitgeist und der Gesellschaft kritisch gegenübersteht, kann für die Welt zum Segen werden[14]. Je mehr die Mächte der Welt gezähmt und zurück in ihre ursprüngliche gottgewollte Ordnung gebracht sind, um so klarer scheint das Licht, das die Gemeinde verbreitet, und um so stärker bewahrt ihr Salz vor der Fäulnis.

Die Seelsorge betrifft auch den Einsatz für soziale und politische Gerechtigkeit[15]. Nicht nur in Predigt und Religionsunterricht, sondern auch im persönlichen Gespräch wird der Seelsorger mit dem Hilfesuchenden nachdenken wollen über seine Haltung im Betrieb, über seine Entscheidung, den Militärdienst zu akzeptieren oder zu verweigern, über seine Einstellung Gastarbeitern gegenüber. Die Seelsorge wird mithelfen wollen, inmitten der Unordnung dieser Welt soviel wie möglich von der Ordnung des Gottesreiches zu bezeugen. Gerade ausgehend von dem, was wir vorhin den »asketischen Zug« der Seelsorge genannt haben, bekommt Seelsorge ihr Engagement. Gerade weil die Gemeinde in der Nachfolge ihres Herrn nicht von der Welt ist, kann sie als eine therapeutische Gemeinschaft für die Welt dasein.

Aber es gibt in dem Bereich der Seelsorge, die sich im oberen Dreieck unseres Schemas abspielt, noch einen weiteren Gesichtspunkt. Durch die Welt hindurch ist die Gemeinde unterwegs zu ihrer wahren Heimat. Diese Heimat wird uns auf zweierlei Weise vorgezeichnet. Die Gemeinde ist durch die Zeit hindurch auf dem Weg zum Ziel der Weltgeschichte: zu Gottes kommendem Reich. Auch die Seelsorge darf dazu beitragen, daß die Sicht auf die große Zukunft freigehalten wird, die Sicht auf die neue Erde, auf das neue Jerusalem. Christen sind aber auch unterwegs zum Ziel ihrer persönlichen Lebensgeschichte: zum Haus des Vaters mit den vielen Wohnungen (Joh. 14, 2). Das Sterben ist für den Christen nicht ein Punkt, sondern ein Doppelpunkt, nicht eine Mauer, sondern ein Tor. Die Seelsorge umfaßt auch das Begleiten von Menschen in ihrem letzten Lebensabschnitt. Sicher kann sie dabei vieles lernen aus den Studien über Sterbensbegleitung, die durch das erste Buch von Elisabeth Kübler-Ross initiiert wurden[16]. Aber daneben gibt es den spezifisch christlichen Akzent: Menschen in ihrer letzten Lebensphase zu dem auch für sie gestorbenen und auferstandenen Herrn zu bringen oder bei ihm festzuhalten; ihnen zu helfen, dieses Leben so abzuschließen, wie der Herr selber und seine Jünger es getan haben: ihr Leben Gottes Hand anzuvertrauen; sie zu ermutigen in der Überzeugung, daß der Herr unsere Schuld eingelöst und so unsere Lebensrechnung quittiert hat; ihnen zu helfen, die Aussicht auf die kommende Herrlichkeit festzuhalten (2. Kor. 4, 17)[18]. So umfaßt Seelsorge auch: »Sterbenden helfen, Jesus nachzufolgen, wohin er gegangen ist, um dort bei ihm zu sein« (Phil. 1, 23).

VI

»Treibt die bösen Geister aus«
Der Mensch als Gebundener

Nach einem Fernsehinterview bekam ich einen Brief von einer jungen Frau. Seit fünf Jahren litt sie an Magersucht. Sie war vergebens in psychiatrischer Behandlung und wog nur noch 25 Kilo. In dem Brief, in dem sie mich um Hilfe bat, stand der merkwürdige Satz: »Es gibt in mir etwas, der mich lebt.« Grammatikalisch ist das ein schlechter Satz, aber die Absicht war klar: »In mir ist eine Macht − ich weiß nicht, ob sie persönlicher oder unpersönlicher Natur ist −, die mein Leben im Griff hat. Ich bin nicht mehr frei, ich bin gebunden.«

Es gibt viele Menschen, die dasselbe Gefühl haben. Genauso wie diese junge Frau haben sie sich vielleicht in psychiatrische Behandlung begeben. Vielleicht lautet die Diagnose »Zwangsneurose« oder »Hysterie« (heute spricht man auch von »Konversionsneurose«) oder in schlimmeren Fällen »Schizophrenie«. Vielleicht hat man in einer Reihe von Gesprächen versucht, die Ursache der Störung zu entdecken. Bei Magersucht, einer Störung, die oft bei jungen Mädchen vorkommt, denkt man an Angst vor dem Leben, vor der Sexualität oder vor dem Dickwerden. Vielleicht sind auch Psychopharmaka verschrieben worden. Aber eine echte Heilung wird nur selten erreicht.

Eine Störung kann verschiedene Ursachen haben. Stellen Sie sich vor, daß Sie einen Besuch in einem Haus machen, in dem ein regelrechtes Chaos herrscht. Was kann dort los sein? Vielleicht kann die Hausfrau nicht haushalten. Vielleicht macht man einen großen Hausputz. Vielleicht zieht die Familie um. Oder es ist gerade eingebrochen worden. Je nachdem sieht die Hilfe anders aus. Manchmal kommt alles von selber in Ordnung, manchmal tragen eine Haushaltshilfe oder eine Sozialarbeiterin zur Wiederherstellung von Ordnung bei. Wenn eingebrochen worden ist, wird man die Polizei verständigen müssen.

Wenn es um seelische Störungen geht, sind wir heute geneigt, nur in *eine* Richtung zu denken: psychische Probleme müssen psychotherapeutisch behandelt werden. Das »Etwas, der mich lebt« kann nach dieser Vorstellung nur etwas im Menschen Liegendes sein: ein Komplex, der vom Seelenleben des Menschen, von seinen Erbfaktoren, seinen Kinderjahren, seinen Beziehungen und Umständen her erklärt werden muß[1]. Diese Einseitigkeit hat ihren Grund: die Wissenschaft hält sich nun einmal an konkrete Realitäten.

Aber bedeutet das, daß es keine anderen Realitäten geben kann? Von seinem Glauben her kennt der Christ die unsichtbare, geistige Wirklichkeit Gottes. Die Wissenschaft besitzt keine Möglichkeiten, diese Realität zu beweisen oder sie zu widerlegen. Könnten so auch andere, schädliche geistige Realitäten existieren? Um das Bild aus unserem Gleichnis zu gebrauchen: Einbrecher, die in unser »Lebenshaus« eindringen? Es wäre eine Überforderung, wenn wir eine Antwort auf diese Frage von der Wissenschaft erwarten würden. Solche negativen Realitäten sind so wenig wahrnehmbar und beweisbar, so wenig zu widerlegen wie die positive Realität Gottes[2]. Wenn ein Teil der Menschheit im letzten Abschnitt der Weltgeschichte die mögliche Existenz dieser geistigen »Einbrecher« verwirft (egal, ob er die positive geistige Wirklichkeit Gottes verwirft oder nicht), so ist das eine Sache des Glaubens, besser: eine Sache des Unglaubens, und nicht eine Sache der Wissenschaft.

Für alle, die im Neuen Testament mehr sehen als eine Reihe von Aussagen gläubiger Menschen aus einer anderen Zeit, nämlich die verbindliche Offenbarung des Heils Gottes, ist der Glaube, daß es auch negative geistige Realitäten gibt, eine Selbstverständlichkeit[3]. Sogar die kritischsten Forscher haben zugeben müssen, daß bei einer großen Anzahl von Menschen Jesus selber die Diagnose gestellt hat, daß »Einbrecher« in ihr Leben eingedrungen waren. Er hat diese »Einbrecher« hinausgeworfen und seinen Jüngern wiederholt aufgetragen, das gleiche zu tun (Mark. 3, 15; 6, 13; Matth. 10, 1.8; Luk. 9, 1; 10, 17; Mark. 16, 17). Durch eine solche Austreibung wurden Menschen von ihren Gebundenheiten frei[4].

In unserer heutigen theologischen und kirchlichen Situation ist es fast so, als ob man ein Tabu bricht, wenn man überzeugt ist, daß die Diagnose und der Auftrag Jesu auch für seine heutigen Jünger gültig sind. Es ist, als ob über unseren Augen und Herzen eine Decke liegen würde, wenn Perikopen aus den Evangelien oder der Apostelgeschichte über eine solche Entfernung der »Einbrecher« vorgelesen werden[5]. Der Schrecken über die furchtbare Hexenverfolgung zwischen dem 15. und 18. Jahrhundert und der Rationalismus der Aufklärung haben eine Gehirnwäsche bewirkt und für eine Verdrängung gesorgt. Aber Werk und Wort Jesu bleiben trotzdem gültig. Das Hören und Befolgen seines Wortes ist ein Zeichen unserer Liebe zu ihm (Luk. 11, 28; Joh. 15, 10).

Man kann den Auftrag Jesu dadurch leugnen, daß man sein Wort und Werk für zeitbedingt hält. Auf diese Weise kann man völlig willkürlich alle Stellen der Bibel durchstreichen, die einem nicht passen. Man meint dann, daß die Psychologie für die in der Bibel beschriebenen Tatsachen eine bessere Erklärung gefunden hat. Aber wir haben schon festgestellt, daß die Psychologie kein Urteil abgeben kann, ob geistige Realitäten existieren oder nicht. Deshalb ist es fraglich, ob die immanenten Erklärungen, die sie anbietet, die einzig richtigen sind. Auch ist es klar, daß die Psychologie, wenn tatsächlich geistige »Einbrecher« in einem Menschenleben am Werk sind, nicht über die Mittel verfügt, sie in die Flucht zu schlagen. Liegt es nicht vielmehr auf der Hand, davon auszugehen, daß Jesus, Gottes mit Heiligem Geist erfüllter Sohn, in das Reich Gottes und in das Gegenreich des Bösen eine tiefere Einsicht hatte als irgendein Mensch zu irgendeiner Zeit? Ist es nicht gefährlich, ja hochmütig, zu meinen, daß man eine tiefere Einsicht hat, als Jesus sie hatte? Könnte es nicht sein, daß jene kirchliche Tradition, die an der Wahrheit seiner Einsicht und seines Auftrags festgehalten hat, das Recht mehr auf ihrer Seite hat als die in der modernen Theologie vorherrschende Meinung, die Einsicht und Auftrag Jesu für zeitbedingt hält?

Dazu kommt, daß — wie die Engländer sagen — der Beweis des Puddings darin besteht, daß man ihn ißt. Es gibt eine überwältigende Zahl von Zeugnissen dafür, daß in allen Jahrhunderten bis in unsere Zeit durch die Vertreibung der »Einbrecher« Menschen von ihren Störungen freigeworden sind[6].

Die Patientin mit Magersucht zum Beispiel, von der am Anfang dieses Kapitels schon die Rede war, war als fünfzehnjähriges Mädchen auf einer Geburtstagsfeier hypnotisiert worden. Dadurch waren verschiedene Störungen entstanden. Die Ängste, die hinter der psychischen Form der Magersucht liegen, waren bei ihr nicht vorhanden. Wir kamen zu der Überzeugung, daß die Hypnose die Tür für Einbrecher geöffnet hatte. Eine halbe Stunde später war sie von dem »Etwas, der sie lebt« befreit und konnte Nahrung zu sich nehmen.

Es ist deshalb gefährlich, wenn Kirchenführer meinen, der Gehorsam dem Auftrag Jesu gegenüber sei unerwünscht. Damit schaden wir Menschen, die in den Griff feindlicher Mächte geraten sind. So einfach können wir Jesu Auftrag nicht vernachlässigen! Die Begegnung mit Gottes Heiligem Geist hat die Augen vieler, die bisher unter der »Decke« gelebt haben, dafür geöffnet, daß es auch Antigeister und ein Antireich gibt und daß deshalb der Auftrag Jesu gültig bleibt bis zu seiner Wiederkunft, wo dieses Antireich vernichtet wird.

Schon jetzt bedeutet das Ausbreiten der Gottesherrschaft immer den Einbruch in Satans Reich. Deshalb behandeln wir dieses Thema, den unteren Teil unseres Vierecks, noch bevor wir über die Heilung des Leibes und der Seele sprechen. Auch Jesus nannte oft, zum Beispiel bei der Berufung seiner Jünger, den Auftrag, Dämonen auszutreiben, gleich nach dem Auftrag, das Evangelium zu verkündigen (Mark. 3, 14; Matth. 10, 1; vgl. Mark. 16, 17)[7].

Wie vollzieht sich dieser Dienst der Befreiung praktisch[8]? Ein Hilfesuchender erzählt uns über seine Beschwerden. Wir sollten zuerst an die Möglichkeit einer körperlichen oder seelischen Störung denken[9]. Aber beim Hören und Nachfragen kann es geschehen, daß bei uns die innere Ampel auf rot schaltet. Wir spüren, daß in dem, was wir hören, etwas nicht stimmt, daß wir mit einer normalen Erklärung nicht auskommen.

So erzählt eine Frau von Depressionen und Aggressionen, die angefangen haben, nachdem sie Christin geworden ist. Ein anderer berichtet von Kopfschmerzen. Ärztliche Untersuchungen haben nichts ergeben, eine Streßsituation liegt nicht vor. Die Kopfschmerzen haben angefangen, als der Mann gläubig wurde. Jemand erzählt, daß nach der Übergabe seines Lebens an Christus Selbstmordneigungen entstanden sind.

Normalerweise führt die Begegnung mit Christus nicht zu solchen Folgen. Die Familien hatten bei der Begegnung mit Christus keinen Widerstand geleistet. Hier schaltet die Ampel auf rot. Kann es sein, daß es im »Lebenshaus« negative Mächte gab, die mit aller Kraft anfingen zurückzuschlagen, als ihre Beute sich Jesus und dem Reich Gottes zuwandte? Wie waren diese Mächte dann in das »Lebenshaus« hineingekommen?

Wenn der davon Betroffene es nicht spontan erzählt, wird der Seelsorger deshalb die Frage stellen, ob Türen zur geistigen Unterwelt geöffnet worden sind, die den »Einbruch« möglich gemacht haben.

Aus der Seelsorge wird immer wieder klar, daß eine Beschäftigung mit irgendeiner Form von Okkultismus (Wahrsagen, Spiritismus, Magie, Heilmagnetismus) uns für das Antireich und seine Antigeister öffnet.[10] Die Wahrsagerin in Philippi hatte ihre Fähigkeit des Wahrsagens von einem solchen Antigeist bekommen. Als dieser vertrieben worden war, verlor sie diese Fähigkeit (Apg. 16, 18 ff.). Es ist deshalb kein Wunder, daß das Alte und Neue Testament jede Form von Okkultismus verbieten.

Die Frau mit den Depressionen und Aggressionen hatte am Tage vor der Geburt ihres Kindes im Krankenhaus durch spiritistisches Glasrücken einen Geist befragt, ob sie einen Jungen oder ein Mädchen bekommen würde.

Der Mann mit den Kopfschmerzen hatte sich, bevor er zum Glauben kam, intensiv mit Astrologie beschäftigt.

Eine Frau hatte mit weißer Magie Menschen besprochen. Sie bekam einen Zwang zu fluchen, fühlte sich von Geistern umgeben und bekam selber die Gabe des Wahrsagens.

Aus der seelsorgerlichen Praxis wird deutlich, daß die Beschäftigung mit dem okkulten Bereich von seiten der Eltern oder Großeltern auch bei den Nachkommen zu Gebundenheiten führen kann (vgl. 2. Mose 34, 7). Dies zeigen die folgenden Beispiele:

Eine gläubige Frau erzählte, daß ihre Mutter wahrsagen konnte und daß sie dies auch bei sich selber verspürte. Dann und wann bewegten sich in ihrem Haus Gegenstände, ohne daß sie von Menschenhand berührt wurden. Auch andere hatten das beobachtet.

Eine andere Frau verlor oft plötzlich das Bewußtsein. Sie hatte diese Absencen bereits seit ihrem fünften Lebensjahr. Medizinisch konnte nichts festgestellt werden, die Diagnose lautete: »Nervensache«. Sie hatte auch Ängste und Magenschmerzen. Es kam ans Tageslicht, daß ihr Vater ein spiritistisches Medium war.

In diesen fünf Fällen fand eine schnelle Befreiung statt, indem ein »Einbrecher« vertrieben wurde. Im nächsten Fall dauerte die Befreiung etwas länger:

Ein Mann hatte als Junge miterlebt, wie sein Vater öfters in einer unbekannten Sprache mit einem unsichtbaren Wesen sprach. Er selber konnte schon früh wahrsagen: er wurde an Orte hingezogen, an denen ein Unglück stattfinden sollte. Auch war er voller Aggression und Haß: ohne zu wissen, warum, schlug er auf der Straße ihm unbekannte Leute mit einer Fahrradkette. Später schlug er in einer Art Trancezustand auch seine Frau und seine Kinder. Er wurde heroinsüchtig.

Einige Monate, nachdem er Christ geworden ist, kommt es zu einem Treffen mit ihm. Geister des Hasses und der Aggression, ein Wahrsagegeist und ein Geist der Versklavung werden angesprochen und vertrieben. Schließlich muß der Anführer der feindlichen Macht, der von seinem Vater herkommt, weichen. Dann fühlt der Mann eine nie gekannte innere Ruhe. Wir beten auch mit seinen schlafenden Kindern, die immer dann unruhig wurden, wenn ein Christ die Wohnung betrat. Am nächsten Morgen sieht sein dreijähriger Sohn den Vater aufmerksam an und bemerkt: »Vater ist nicht mehr krank, nicht wahr?« Zum ersten Mal kann der Mann jetzt Frau und Kinder lieben.

Eine an sich angesehene Wissenschaft, die Parapsychologie, erforscht die nicht auf natürliche Weise erklärbaren Phänomene des Okkultismus. Auch von dieser Wissenschaft gilt, daß sie diese Phänomene immanent, d. h. als Fähigkeiten des Unbewußten im

Menschen, erklären muß. Wenn die Parapsychologie auf negative Folgen bei Leuten stößt, die sich okkult betätigen, erklärt sie diese als Folgen psychischer Instabilität. Die Parapsychologie als Wissenschaft kann nicht weiter gehen als bis zu der Aussage des niederländischen Parapsychologen J. van Praag: »Wir studieren die Gegebenheiten, aber wir können nicht sagen, wer der Geber ist.« Die Bibel aber sagt uns und Hunderte von Seelsorgern wissen aus Erfahrung, daß sich der Geber im Reich der Finsternis befindet.

Ein anderes, im Westen jetzt oft geöffnetes Einfallstor sind die orientalischen Meditationswege. Sie tun unschuldiger, als sie sind. Trotzdem sprechen verschiedene Bücher ehrlich über Yoga als einer Verbindung der Menschenseele mit einer Allseele voller kosmischer Energien, die auch okkulte Fähigkeiten verleiht[11]. Bei der Transzendentalen Meditation werden während der Einweihungszeremonie Hindugötter angerufen, und dem verstorbenen Meister Guru Dev wird ein Opfer dargebracht. Dem jeweiligen Alter entsprechend bekommt man ein Mantra, das nichts anderes ist als ein Symbolwort für einen Hindugott oder eine Hindugöttin. Durch Yoga, Transzendentale Meditation und Zen-Buddhismus öffnet man sich für ein geistiges Kräftefeld, das nichts mit Jesus und mit dem Reich Gottes zu tun hat.

Ein Mann ruft an. Er hat zwei Jahre lang Transzendentale Meditation betrieben. Jetzt leidet er an Krankheiten, die zur Verzweiflung seines Arztes von einem Körperteil zum anderen überspringen. Auch spürt er den starken Wunsch, seine Kinder zu ermorden. Der Arzt verweist ihn an den Psychiater. Dessen Sekretärin, selber von den Folgen des Heilmagnetismus befreit, gibt dem Mann meine Adresse. Einige Wochen später kommt er zum Glauben an Jesus, und anschließend wird er durch den Dienst der Befreiung von seinen Symptomen frei.

Auch andere Einfallstore können geöffnet sein: Drogen, besonders LSD und andere harte Drogen, bei deren Rausch man öfters mit negativen geistigen Wesen konfrontiert wird, und genauso der Alkoholrausch, wo man ebenfalls nicht mehr Herr seiner selbst ist.

Eltern bitten um Hilfe für ihren Sohn, der eine Zeitlang in Indien mit Drogen und Yoga experimentiert hat. Nach seiner Rückkehr benimmt er sich wie ein indischer Guru. Er bestreitet, daß seine Eltern wirklich seine Eltern sind. Er wohnt, sagt eine Stimme aus ihm, zugleich in Indien und in den Niederlanden. Ein Strom von Worten in einer indischen Sprache kommt aus seinem Mund. In diesem Fall gelang ein Befreiungsversuch nicht.

Ein Soldat ist klinisch tot. Sein Geist verläßt, wie er später berichtet, seinen Körper und gerät in eine Bar, wo dann und wann jemand betrunken zu Boden fällt. Der Soldat nimmt Geister wahr, die sich wie Geier auf den Betrunkenen stürzen und in ihn eindringen[12].

Ein langjähriger Alkoholiker, der jetzt trocken ist, klagt über Schmerzen, die er seitdem hat. Medizinisch hat man nie etwas feststellen können. Wir halten es für wahrscheinlich, daß hier eine Macht der Finsternis am Wirken ist, und befehlen ihr zu verschwinden. In dem Moment verschwinden die Schmerzen. Sie sind nicht wiedergekommen.

Weil die Zahl der Menschen stark ansteigt, die mit irgendeiner Form von Okkultismus Berührung haben, Yoga oder Transzendentale Meditation betreiben oder von Drogen und Alkohol abhängig sind, ist es klar, daß der Seelsorger immer häufiger mit ihren Konsequenzen zu tun bekommt. Aber auch andere Türen, die der geistigen Unterwelt Einlaß gewähren, können aufgetan werden.

Sünden, die nicht vor Christus gebracht werden, damit er vergibt, sondern die fortgesetzt werden, können eine solche Macht über Menschen bekommen, daß sie sozusagen die Öse bilden, in die das Reich der Finsternis seinen Haken schlagen kann. In solchen Fällen muß durch Buße, Beichte und Schuldvergebung nicht nur die Öse, sondern auch die eingedrungene Macht entfernt werden. Hinter einem hartnäckigen Haß kann sich ein Geist des Hasses verbergen, hinter wiederholten Lügen ein Lügengeist, hinter einem sexuellen Zwang ein Geist der Unreinheit. Ob auch Abtreibung für eine solche Macht die Tür öffnet?

Eine junge Frau war schwanger und ließ die Frucht abtreiben. Von dem Augenblick an litt sie an Kopfschmerzen. Der Arzt riet zu Transzendentaler Meditation und später zu Gestalttherapie — ohne Erfolg. Dann hörte sie eine innere Stimme sagen: »Schau in den Spiegel!« Aus ihrem Gesicht blickten ganz andere Augen sie an. »Ich bin es, der auf deinen Kopf drückt«, sagte die Stimme. »Gib dich mir ganz hin.« Als die Frau das verweigerte, bekam sie starke Selbstmordneigungen. Als diese Macht, die seit der Abtreibung in ihr war, vertrieben war, hörten die Kopfschmerzen sofort auf.

Wenn über jemanden oder über ein ganzes Geschlecht ein Fluch ausgesprochen wurde, kann das, oft durch Generationen hindurch, schlimme Folgen haben. Das ist noch mehr der Fall, wenn Menschen, oft aus Verzweiflung, den Satan um Hilfe anrufen oder wenn sie ihm ihr Leben ausliefern. Auch in Europa ist der Satanskult nichts Unbekanntes mehr. Ich kenne aber Satansverehrer, die nach schwerem Kampf durch Jesus befreit wurden.

Im seelsorgerlichen Gespräch ist es nicht nur wichtig, auf das Vorhandensein eines Einfallstores zu achten, sondern auch auf die Art der Probleme des Hilfesuchenden. Aus den genannten Beispielen wird deutlich, daß durch Dämonie oft Leib und Seele angegriffen werden: Schmerzen, Sinnesstörungen, Schwierigkeiten beim Essen und Schlafen, Ängste, Zwangshandlungen, Depressionen und Aggressionen, Mord- und Selbstmordneigungen — medizinisch oft unerklärlich und jedenfalls medizinisch unheilbar. Aber damit verbunden treten auch geistliche Phänomene auf. Einerseits oft ein Widerstand gegen alles, was mit dem christlichen Glauben zusammenhängt: gegen den Namen Jesus, die Bibel, das Abendmahl, das Gebet, ein Kreuz, eine Kirche. Andererseits können okkulte Fähigkeiten erlangt werden. Eine solche Kombination von Symptomen ist bei psychiatrischen Patienten nicht üblich; sie ist aber besonders für schwere Fälle der Dämonie typisch.

Dann und wann werden nicht nur Menschen, sondern auch Häuser dämonisch infiziert. Durch Souvenirs wie afrikanische Götzenbilder, magisch besprochene Dolche oder Gegenstände aus asiatischen Tempeln oder auch, wenn im Hause Okkultismus betrieben wurde, ziehen Mächte der Finsternis ein und stören die Bewohner.

Ein Ehepaar konnte nicht mehr schlafen, weil es im Schlafzimmer laut polterte. Dabei sank die Temperatur, für uns ein Zeichen, daß hier Spiritismus im Spiel war. Die Frau des Hauses hatte nach dem Tod ihres Vaters durch Glasrücken Kontakt mit ihm gesucht. Das Ehepaar war einem Nervenzusammenbruch nahe.

In solchen Fällen brauchen nicht nur die Menschen persönlich Hilfe, sondern auch im Hause muß etwas stattfinden: es muß geistlich gereinigt werden. In jedem Zimmer wird gebetet, den vielleicht vorhandenen Eindringlingen wird im Namen Jesu befohlen, das Zimmer zu verlassen, und nachher wird der Raum gesegnet. Infizierte Gegenstände vernichtet man am besten.

Nach einer solchen Reinigung wurde es im gerade erwähnten Haus still. Das Ehepaar konnte wieder schlafen. Die Frau nahm Jesus als ihren Herrn an.

Im ersten Kapitel habe ich ausgeführt, daß bei der Seelsorge in der Kraft des Heiligen Geistes Charismata, Geistesgaben, eine wichtige Rolle spielen. Das gilt bestimmt auch für den Dienst der Befreiung. Paulus spricht von der Gabe der Geisterunterscheidung, der Unterscheidung von gut und böse. Er besaß diese Gabe selber und konnte so das Auftreten der Magd in Philippi, die für Paulus warb, als dämonisch inspiriert erkennen (Apg. 16, 16-18). Deshalb ist es möglich, neben den Eindrücken, die wir aus dem Gespräch selbst empfangen, durch den Geist Gottes Erkenntnisse zu bekommen.

Nachdem eine Frau in Afrika mehrere Fehlgeburten hatte, ging sie zu einem Zauberpriester. Dann bekam sie einen Sohn. In seiner Jugend fühlte dieser sich wie durch ein eisernes Band eingeschnürt. Auf einem Ohr hörte er schlecht. Eine Mitarbeiterin von mir sah in einem Gesicht, wie neben einer ganz dünnen weißen Nabelschnur sich eine dicke schwarze befand, die dann die Form eines Baumes mit Ästen annahm, die bis zum Oberkörper und zum Ohr des jungen Mannes hochwuchsen. Der Geist, der diesen jungen Mann in seiner Macht hatte, äußerte sich wütend über dieses Bild, das uns half, die Situation genauer zu erkennen.

Eine Frau wurde sehr unruhig, als in ihrem Haus ein spiritistisches Medium einzog. Im Gespräch wurde klar, daß sie selber öfters bei Wahrsagern gewesen war. Als wir mit ihr beteten, sah meine Mitarbeiterin einen schwarzen Vogel auf ihrem Rücken sitzen. In dem Gesicht wurde gezeigt, wie auf unseren Befehl hin der Vogel verschwinden mußte. Die Frau hatte uns nicht erzählt, daß sie Rückenschmerzen hatte, für die es keine medizinische Erklärung gab. Sie verschwanden jetzt für immer.

Wenn wir durch das Gespräch und eventuell mit Hilfe einer geistlichen Offenbarung zu der Diagnose gelangt sind, daß es sich in diesem Fall wirklich um Dämonie handelt, bitten wir den »Konfidenten« zuerst, seine Sünde vor Gott zu bekennen und sich loszusagen von allem, wodurch er dem Reich des Bösen Macht über sich gegeben hat[13]. Wo ein Mantra gegeben wurde, muß dieses ausgesprochen werden. Auf der Grundlage des Schuldbekenntnisses und der Schuldvergebung, also vom Kreuz Christi her, ist Befreiung möglich. Dem Feind ist dadurch die Basis entzogen. Jetzt wird er weichen müssen, wenn wir das tun, was Jesus, seine Apostel und die Kirchenväter getan haben, indem wir im Namen, d. h. in der Vollmacht Jesu (siehe Kap. I dieses Buches) dem Feind befehlen, sein Opfer zu verlassen und dorthin zu gehen, wo Jesus ihn hinsendet[14]. Weil die Bibel einige Male über »den Abgrund« spricht, kann man den Feind oder die Feinde, wenn es mehrere gibt, auch dorthin schicken.

Dieser Befehl kann unterschiedlichste Wirkungen haben. In den meisten Fällen findet eine unmittelbare Befreiung statt. Der »Einbrecher« muß, oft ohne deutliche Symptome, oft aber auch deutlich spürbar, das »Lebenshaus« verlassen. Wo der Stärkere kommt, muß der Starke seine Beute loslassen (Matth. 12, 29). Manchmal kommt es zu einem längeren Kampf, besonders wenn der Einbrecher schon viele Jahre anwesend ist oder wenn mehrere Feinde da sind. So auch, wenn nicht nur ein Teil des Menschen, sondern seine *ganze* Persönlichkeit im Griff des Feindes ist, in den echten — obgleich seltenen — Besessenheitsfällen also, wo er auch aus dem Munde seines Opfers sprechen kann[15]. In Ausnahmefällen kann es geschehen, daß der Befreiungskampf länger dauert: einige Stunden, dann und wann einige Tage, ganz selten einige Monate. Pfarrer Johann Christoph Blumhardt kämpfte im vorigen Jahrhundert beinahe zwei Jahre lang um die Befreiung seines Gemeindegliedes Gottliebin Dittus.

In diesem Dienst der Befreiung ist es wichtig, daß der Seelsorger nicht allein, sondern mit einer Gruppe arbeitet. Wo der Widersacher körperlichen Widerstand leistet — durch die Muskeln seines Opfers —, kann die Gruppe zusammenhelfen. Auch gibt es in einer Gruppe oft verschiedene Geistesgaben. Und während einer dem Feind zu weichen befiehlt, können andere beten oder singen. Wenn der Kampf tatsächlich länger dauert, werden Bibeltexte rezitiert und Lieder gesungen, die den Namen und das Blut Jesu preisen, und so wird sein Sieg verkündet. Bereits die Kirchenväter wußten, daß das Kreuzzeichen den Feind konfrontiert mit dem Zeitpunkt, zu dem das Antireich des Bösen seine große Niederlage erlitten hat.

Menschen wie Blumhardt und Stanger wählten aufgrund ihrer Erfahrungen die Worte »Jesus ist Sieger« als Lebensmotto. Auch jetzt erleben wir wiederholt diese Siege Jesu. Nach dem Kampf gehört ihm das Lob und der Dank.

Im Anschluß an die Befreiung ist die Nachbetreuung sehr wichtig. Innere Wunden sollen von Jesus geheilt werden. Der Glaube des Befreiten muß aufgebaut werden. Jesus hat davor gewarnt, das leergewordene Haus leerstehen zu lassen (Luk. 11, 24-26). Deshalb sprechen wir mit dem Hilfesuchenden über die Übergabe seines Lebens an Jesus und über die Erfüllung mit seinem Geist[16]. Auch müssen wir nach einer lebendigen Gemeinschaft suchen, die den befreiten Menschen auffängt. Und dann und wann werden befreite Menschen später gebraucht, andere Menschen befreien zu helfen.

VII

»Die zerbrochenen Herzen verbinden«
Der Mensch als Verwundeter

Während ihrer Besuche in einem Krankenhaus begegnet die amerikanische Pfarrfrau Agnes Sanford einem jüdischen Soldaten, einem Kriegsverwundeten. Sie erlebt, wie er von seinen Wunden geheilt wird und wie er anfängt, in Jesus von Nazareth den Messias Israels zu erkennen. Aber der Mann klagt noch über bestimmte Probleme: »Oft ändern sich plötzlich meine Gefühle. Ich will dann Menschen verletzen, sage ihnen grobe Dinge, werfe ihnen manchmal Gegenstände ins Gesicht.« Agnes Sanford betet mit dem Mann um Vergebung für seine Zornausbrüche, um Heilung seiner Aggressionen, aber nichts hilft. Dann fragt sie in einem persönlichen Gebet Gott um Rat. Es wird ihr deutlich, daß die Probleme des Mannes bis in die Zeit zurückreichen, als er im nationalsozialistischen Deutschland aufwuchs. Der Herr zeigt ihr, daß er fähig ist, in die Zeit zurückzugehen, in der die Wunden entstanden sind, um sie zu heilen. Agnes Sanford betet mit dem Soldaten um eine solche Heilung. Der Mann verliert seine Aggressionen, fängt das Studium der Psychotherapie an und wird nachher ein Mitarbeiter von Frau Sanford[1].

Agnes Sanford hat mehrere ähnliche Erfahrungen gemacht und viele Seelsorger diesen Weg zur »Heilung der Erinnerungen« gelehrt. Menschen, die von der charismatischen Erneuerung erfaßt wurden, wandten ihre Methode der Seelsorge an und schrieben Bücher darüber[2]. Allmählich fing man an, über »innere Heilung« oder »Heilung der Seele« zu sprechen. Was ist damit gemeint?

Zahllose Menschen tragen alte, häßliche Erinnerungen als schwere Ketten mit sich herum. Wir haben nicht nur unsere Sünden, sondern auch unsere Wunden. Die Psychiatrie weiß das schon lange. Die Psychoanalyse spricht von traumatischen Erfahrungen. Dr. Missildine schrieb ein Buch unter dem Titel: »In dir lebt das

Kind, das du warst.« Die niederländische Psychotherapeutin Dr. Terruwe hält die »Frustrationsneurose«, die bei etwa vierzig Prozent der Menschen entstehe, weil sie in ihrer Kindheit nicht geliebt wurden, für die Ursachen anderer Neurosen[3]. Auch Agnes Sanford entdeckte, daß in uns das Baby, das kleine Kind, der Junge oder das Mädchen lebt, das wir einmal waren. Vielleicht der dreijährige Junge, der so sehr geschlagen, das zehnjährige Kind, das vergewaltigt, das Schulkind, das zu Unrecht beschuldigt wurde.

Wir können zwischen vier Arten von Verwundung unterscheiden[4]:

Zuerst können wir schon im Mutterschoß verwundet werden. So wie Johannes der Täufer vor Freude im Leib seiner Mutter hüpfte, als diese der schwangeren Maria begegnete (Luk. 1, 41), so ist es auch möglich, schon im Mutterschoß Leid zu erfahren. Man kann von dem verwundet werden, was während dieser Zeit die Mutter verwundet hat. Auch dadurch kann Verwundung entstehen, daß eine Mutter ihr Kind nicht haben will und ablehnt[5].

Eine Bekannte kam mit entstelltem Gesicht zur Welt. Die Mutter hatte versucht, mit allerlei Mitteln die Frucht zu töten.

Als mit einem Bekannten gebetet wurde, nahm er, auf dem Boden liegend, plötzlich die Haltung eines Embryos an. Anscheinend brachte Gott ihn zurück in die Zeit vor seiner Geburt. »Ich höre, wie sie über mich reden; sie wollen mich nicht haben«, sagte er über seine Eltern.

Als zweites können wir dadurch verwundet sein, daß wir nun einmal der sind, der wir sind. Vielleicht waren wir ein Junge, während die Eltern ein Mädchen haben wollten, oder umgekehrt. Vielleicht kamen wir in eine Familie hinein, in der die Eltern immer Streit hatten, wo ein Elternteil früh starb, die Ehe geschieden wurde oder der Vater Alkoholiker war. Vielleicht wurden wir gehänselt wegen unserer Größe, unserem Dicksein oder unserer roten Haare. Vielleicht hörten wir, wie unsere Mutter zum Vater sagte: »Hans ist doch unser liebstes Kind«, aber Hans war unser Bruder.

Als drittes können wir verwundet werden durch den Ort, an dem wir waren. Vielleicht waren wir in einem Konzentrationslager, einem Gefängnis, einer Anstalt, an einem Unfallort oder einem schwierigen Sterbebett.

Ein Junge erlebte mit, wie sein Freund vom Moped geschleudert wurde und an Ort und Stelle starb. Während dieser Nacht wartete er zwei Stunden lang neben seinem toten Freund, bis ein Auto vorbeikam. Diese Stunden, erzählte er, hätten sich in seine Seele eingegraben, so daß er nicht mehr schlafen konnte.

Etwas anders verhält es sich mit der Tatsache, daß wir *viertens* auch verwundet werden können, weil wir uns selber verletzen. Wir haben einem anderen Menschen Leid zugefügt, ihn belogen oder bestohlen und können uns das nicht verzeihen. Wir quälen uns mit Selbstvorwürfen: »Wie konnte ich das nur tun, ich Schuft!« So strafen und verwunden wir uns selber.

Wir tun gut daran, zwischen ursprünglichen und späteren Wunden zu unterscheiden. Die ursprünglichen Wunden sind die ältesten. Unser späteres Verhalten ist oft eine Folge davon. Wir reagieren wütend, wenn jemand uns ablehnt, weil wir als Kind abgelehnt worden sind. Die alte, ursprüngliche Wunde öffnet sich wieder.

Ein Mann wurde für arbeitsunfähig erklärt, seine Frau verließ ihn. Er hatte einen Nervenzusammenbruch erlitten, als er einen diktatorischen Chef bekam. Als er davon geheilt war, bekam er eine andere Stelle und wieder einen diktatorischen Chef und erneut einen Nervenzusammenbruch. Er erholte sich nicht mehr. Wir meinten, daß dieser doppelte Zusammenbruch eine tiefere Wurzel haben müsse, und fragten ihn nach seinem Verhältnis zu seinem Vater. Es ergab sich, daß dieser ein Haustyrann gewesen war. Mit vierzehn Jahren war der Mann von zu Hause weggelaufen. In den diktatorischen Vorgesetzten stand irgendwie sein Vater wieder vor ihm. Der einzige Fluchtweg war der Nervenzusammenbruch.

Was kann ein Mensch für die Heilung seiner verletzten Gefühle tun? Drei Wege stehen ihm dafür offen.

Erstens kann man versuchen, mit der eigenen Vergangenheit selber fertig zu werden. Man kann zum Beispiel die peinlichen Erinnerungen unter den Wasserspiegel unseres Bewußtseins drücken.

Die Psychologie spricht dann von »Verdrängung«, weiß aber, daß dies nie eine echte Lösung ist. Genauso wie es körperliche Energie kostet, einen Wasserball unter Wasser zu halten, kostet das Wegdrücken peinlicher Erinnerungen geistige Energie. Wie wir im letzten Beispiel gesehen haben, kann der Schutt, der am Grund unserer Seele ruht, durch bestimmte Ereignisse wieder nach oben geschwemmt werden. Oder, um ein anderes Beispiel zu gebrauchen: in uns schlummert ein Raubtier, das nur auf eine gute Gelegenheit wartet, uns anzufallen und uns aufzufressen.

Wir können übrigens, statt unsere Vergangenheit zu verdrängen, sie auch hegen. Es gibt Menschen, die sich am Feuer ihres Selbstmitleids oder ihres Grolls zu wärmen versuchen. Und wenn dieses Feuer sie nicht genug wärmt, versuchen sie sich aus ihren Verwundungen »Lustgewinn« zu verschaffen, indem sie mit ihren Geschichten hausieren gehen, um Mitleid zu erwecken. Aber dadurch isolieren sie sich meist bald von ihren Freunden; denn niemand findet es schön, immer wieder dieselben Geschichten anhören zu müssen.

Ob wir nun verdrängen oder hegen, wir kommen nicht wesentlich weiter damit. Wir gehen »fleischlich«, von unserem eigenen Ich her, mit unserer Vergangenheit um. Heilung und Befreiung sind auf diesem Weg unmöglich.

Zweitens können wir mit unseren inneren Wunden auch zum Psychiater oder zum Psychotherapeuten gehen. Allerdings ist es dabei wichtig, sich zu vergewissern, zu welcher der vielen Schulen (es gibt mehr als zweihundert!) unser Fachmann gehört. Es gibt welche (zum Beispiel die Verhaltenstherapie), die sich nur mit der Gegenwart beschäftigen. Eine andere Schule glaubt, daß wir die Vergangenheit am besten bewältigen, indem wir unseren Gefühlen freien Lauf lassen.

Eine Frau hatte einen Alkoholiker als Vater, ihre Mutter hatte einen Geliebten, mit dem sie in die DDR fliehen wollte. Sie hatte aber der zehnjährigen Tochter versprochen, sie mitzunehmen. Eines Tages wurde das Kind zu den Großeltern geschickt, um dort etwas zu erledigen. Bei seiner Rückkehr war das Haus verschlossen und die Mutter verschwunden. Weinend stand das Kind vor der

Tür. An dem Tag erstarrte das Gefühlsleben der Frau; innerlich blieb sie wie ein zehnjähriges Kind. Zwar heiratete sie und bekam zwei Kinder, aber sie wußte nicht, wie man Möbel und Kleider aussucht und wie man Kinder erzieht. Schließlich kam sie in eine Anstalt. Der Psychotherapeut gab ihr den Auftrag, mehrere Male am Tag energisch auszurufen: »Mutter, ich ermorde dich.« Heilung brachte das allerdings nicht.

Wenn wir viel Geld und Zeit haben, können wir uns eine psychoanalytische Behandlung leisten. Der Psychoanalytiker hilft uns, das Verdrängte ans Licht zu bringen, meint aber, daß wir, wenn wir uns der Ursache unserer Probleme bewußtgeworden sind, entweder geheilt sind oder jedenfalls besser mit unseren Problemen leben können. Die Wirklichkeit sieht jedoch meist anders aus.

Es gibt aber noch einen *dritten Weg*. Das Volk Israel wußte schon: »Der Herr hilft denen, die ein zerschlagenes Gemüt haben« (Ps. 34, 19); »er heilt, die zerbrochenen Herzens sind, und verbindet ihre Wunden« (Ps. 147, 3). Was im Alten Testament vom Knecht Gottes ausgesagt wird, der das geknickte Rohr nicht zerbrechen wird (Jes. 42, 3), wird im Neuen Testament auf Jesus bezogen (Matth. 12, 20). Wie dem Herrn die Sünden aus unserer Vergangenheit bekannt sind und wir Vergebung bekommen können, so sind ihm auch die Wunden unserer Vergangenheit bekannt. Er kann sie heilen. Für den ewigen Gott und für den menschgewordenen Sohn ist unsere Vergangenheit genauso nahe wie unsere Gegenwart. Ist Jesus nicht heute und gestern derselbe (Hebr. 13, 8)? Er ist auch der Herr unserer Vergangenheit. Wenn er uns innerlich heilt, wendet er seine Kraft zu heilen auf unsere Gefühle an. Er überbrückt die Kluft zwischen der Liebe, die wir empfangen haben, und der Liebe, die wir hätten empfangen müssen, und ist dabei selber diese Brücke. Er ist fähig, unser Gefühlsleben und das aus ihm entspringende Verhalten zu erneuern.

Oft brauchen wir zu einer solchen Wiederherstellung selber nichts beizutragen. Ohne daß wir uns dessen bewußt zu sein brauchen, kann der in uns wohnende Heilige Geist die Wurzeln der Furcht oder der Bitterkeit herausziehen. Die Nachfolge Jesu macht uns heil. Wer für seinen persönlichen Umgang mit dem Herrn vom Heiligen Geist in aller Nüchternheit eine neue Gebetssprache empfangen hat — die Gabe des Sprachengebets —, erfährt, daß Paulus recht hat, wenn er sagt, daß diese Gabe uns innerlich aufrichtet (1. Kor. 14, 4). Durch das Reden in dieser neuen Sprache räumt der Geist tief in uns den Schutt weg.

Wo wir uns unserer inneren Wunden deutlich bewußt sind, können wir sie auch in unseren Gebeten vor Gott bringen. Wir bitten den Herrn sozusagen, die häßlichen Bilder aus unserm Gedächtnis zu entfernen und sie durch andere zu ersetzen. Besonders wenn unsere Wunden nicht zu tief sind, kann dieses persönliche Gebet um innere Heilung große Folgen haben.

Jesus rechnet aber damit, daß Hilfe von dritter Seite erforderlich ist. »Heilet die Kranken!« ist der Auftrag an die Gläubigen, anderen diese Hilfe anzubieten. Wenn man mit dem eigenen Gebet nicht weiterkommt, ist das ein Zeichen dafür, daß man andere um Hilfe bitten soll. Man wendet sich an einen oder auch zwei Seelsorger. Zwei wissen oft mehr als einer, und Jesus sagt, daß er dabei ist, wenn zwei oder drei in seinem Namen beisammen sind. Die Gegenwart des Herrn ist das Entscheidende. Menschen können keine Wunden heilen, er kann es. Es geht hier nicht um die Fähigkeiten des Seelsorgers, sondern um den anwesenden, handelnden Herrn!

In dieser seelsorgerlichen Begegnung darf der Verwundete sich voll und ganz einbringen. Wie bei jeder Seelsorge hört man auch hier geduldig auf ihn, darf er sich angenommen wissen (siehe Kap. III dieses Buchs). Das schließt nicht aus, daß dem Verwundeten auch Fragen gestellt werden dürfen: »Warst du glücklich als Kind?« oder: »Wie war das Verhältnis zu deinen Eltern?« Immer wieder ergibt sich ja, daß Ablehnung und zerstörte Familienverhältnisse aus frühester Jugend die ursprünglichen Wunden verursacht haben. Während des Hörens kann der Seelsorger still beten, der Herr möge bei dem »Konfidenten« die richtigen Erinnerungen an die Oberfläche bringen, und er selber möge spüren, wo den anderen der Schuh drückt. In Kapitel I haben wir bereits gesehen, daß der Herr durch seine Geistesgaben Tatsachen und Zusammenhänge ans Licht bringen kann.

Bei meiner ersten Bemühung, einer innerlich schwer verwundeten Frau zu helfen, drängte sich mir während des Gesprächs das Wort »Wiege« auf. Als ich nachfragte, ergab sich, daß die Mutter, irritiert durch das viele Schreien, die Wiege mit dem Baby darin mit dem Fuß umgestoßen hatte.

In einem inneren Bild sah jemand, wie ein Kind sich über das Wasser beugte, um seinen Hund herauszuholen. Die »Konfidentin« erinnerte sich daraufhin an den Vorfall. Ihre Mutter hatte voller Angst angefangen zu schreien. Die Angst der Mutter hatte sich dem Kind tief eingeprägt.

Im Laufe des Gesprächs wird deutlich, wo der verwundete Mensch selber Entscheidungen treffen muß. Wenn man sich mit Selbstvorwürfen verwundet, ist es notwendig, die Vergebung Christi so tief zu akzeptieren, daß man jetzt auch sich selber vergeben kann. Wo er unter unserer Vergangenheit einen Schlußstrich zog, dürfen auch wir einen Schlußstrich ziehen. Und wo andere Menschen uns verwundet haben, da ist es eine Grundbedingung für die Heilung dieser Wunden, daß wir denen vergeben, die uns verwundet haben. Vergebung ist der Schlüssel zur Heilung.

Nach dem Gespräch folgt das Gebet mit dem Verwundeten. Wir bitten den Herrn, der uns vom Lebensanfang gekannt und geliebt hat, in die Vergangenheit des Verwundeten zurückzugehen, um dort Gottes heilende Liebe einströmen zu lassen. Wir können uns dabei ganz konkret vorstellen, wie diese Liebe jede Wunde berührt und heilt.

So hat es jemand als Bild vor sich gesehen. Wir beteten mit einem jungen Mann, der so verwundet war, daß er kaum mehr sprechen konnte. Eine anwesende Frau erzählte nachher, wie sie gesehen hatte, daß immer, wenn wir die Wunden im Gebet vor den Herrn brachten, der Herr im strahlenden Licht zu einem Kind von drei, acht und zwölf Jahren kam, den Altersstufen, in denen die Wunden geschlagen worden waren.

Auf diese Weise wird alles, was vorher im Gespräch uns erzählt wurde, vor den Herrn gebracht. Man kann dabei mit dem Lebensanfang beginnen und sozusagen die Treppe zur Gegenwart hinaufsteigen; man kann auch mit der Gegenwart anfangen und die Treppe in die Vergangenheit hinabsteigen.

Obgleich eine innerlich verwundete Frau ihrem Seelsorger nichts darüber erzählt hatte, fühlte dieser sich dazu geführt, das zwölfte Lebensjahr im Gebet vor Gott zu bringen. Die Frau fing an zu weinen. In diesem Alter, so ergab sich, war sie vom Vater vergewaltigt worden. Der Seelsorger berief sich auf das Vorstellungsvermögen der Frau. Er schlug ihr vor, zu »sehen«, wie in diesem peinlichsten Augenblick ihres Lebens Jesus sich neben ihren Vater stellte, seinen Arm um dessen Schulter legte und ihm seine Vergebung anbot, und wie der Herr dann das Mädchen fragte, ob es seinem Vater auch vergeben könne. Jetzt war die Frau dazu fähig. Vorher hatte sie dreißig Jahre in einer psychiatrischen Anstalt verbracht. Nun war ihre Wunde geheilt.

Diese Berufung auf das Vorstellungsvermögen hat sich immer wieder als ein wichtiges Hilfsmittel bei der Heilung innerer Wunden ergeben. Unsere Erinnerungen sind wie ein Film. Sie sind aufbewahrt in einer Art Archiv, das sich in der Nähe unserer Schläfe befindet. Während einer Gehirnoperation kann man diese Stelle berühren, und ein ganzer Film rollt ab. So wie in einem Film Bild und Ton verbunden sind, so sind unsere Erinnerungsbilder mit schönen oder häßlichen Gefühlen verbunden. Jetzt geht es darum, daß Jesus unsere Filmbilder ergänzt und dadurch unsere Gefühle ändert. Hat er nicht gesagt: »Ich bin bei euch alle Tage bis an der Welt Ende« (Matth. 28, 20)? Dann war er auch dabei, als ich verwundet wurde! Im Gebet mit dem verwundeten Menschen werden die peinlichen Szenen sozusagen erneut »gedreht« (das tut manchmal auch der Psychotherapeut im sog. Psychodrama), aber (und das ist der Unterschied zu aller Psychotherapie) in der Gegenwart des handelnden Herrn. In einem bildhaften Beten, wo die Phantasie des Menschen eingeschaltet wird, werden alte Erinnerungen und Erfahrungen entgiftet und ergänzt. Wir zeigen das nun an einer Reihe von Beispielen.

Mit jener Frau, die die bereits erwähnten Abtreibungsversuche ihrer Mutter überlebt hatte, baten wir den Herrn, in den Mutterschoß hineinzugehen, dort die noch ungeborene Frucht sanft in seiner Hand zu bergen und ihr zu sagen: »Ich bin bei dir, ich beschütze dich, ich will, daß du geboren wirst.« Nachher baten wir ihn auch, bei der Geburt gegenwärtig zu sein und dem Baby zu sagen: »Ich bin froh, daß du da bist. Ich heiße dich willkommen im Leben. Meine Liebe geht mit dir. Ich werde auch dein Gesicht heilen.« Tatsächlich war das im ersten Lebensjahr geschehen.

Wir baten Jesus, zu dem jungen Mann zu gehen, der neben seinem toten Freund während der Nacht auf ein Auto gewartet hatte, seinen Arm um seine Schulter zu legen und zusammen mit ihm zu warten und ihn zu trösten.

Eine Frau hatte Angst, unter Eisenbahnbrücken hindurchzugehen oder einen Fahrstuhl zu betreten. Wir fanden den Grund. Als Kind war sie unter Trümmern verschüttet gewesen. Wir baten Jesus, zu dem Kind von damals zu gehen, es durch einen Spalt zu ermutigen und diesen Spalt so zu erweitern, daß er die Tränen des Kindes trocknen, es trösten und hinaustragen konnte. Ein Jahr später erzählte mir diese Frau, daß sie nach Rückkehr in ihr Haus sich vergegenwärtigte, daß sie die Eisenbahnbrücke ohne Angst passiert hatte! Dann hatte sie sich Fahrstühle gesucht und entdeckt, daß sie jetzt ohne Angst mitfahren konnte.

Ein Mann klagte darüber, daß er jede Nacht angstvoll und in Schweiß gebadet aufwachte. Im Gespräch stießen wir auf einen Vorfall aus seiner Kindheit. Nachts wach geworden, hatte der Junge seine Eltern gesucht, aber diese waren ausgegangen. Draußen stürmte und regnete es. Wir baten den Herrn, zu dem kleinen Jungen von damals zu gehen und zu ihm zu sagen: »Ich bin bei dir. Ich bringe dich in dein Bettchen zurück. Und ich bleibe daneben sitzen, bis deine Eltern wieder da sind.« Bei einer späteren Begegnung erzählte dieser Mann, seit diesem Gebet würde er herrlich schlafen.

Eine junge Frau hatte tiefe Minderwertigkeitsgefühle. In der Volksschule war sie von Mitschülern und einigen Lehrern sehr gehänselt worden. Wir schlugen ihr vor, zum Schulhof zurückzugehen. Dort stehe die Reihe ihrer Feinde vor ihr. Aber wir malten ihr aus, daß jetzt Jesus den Schulhof betrat, jeden in dieser Reihe umarmte und ihm vergab und daß Jesus sich dann ihr zuwandte und sie fragte: »Weißt du, wer du bist? Du bist meine kleine Schwester, du bist ein Königskind.« Danach fragte Jesus sie: »Bist du bereit, dasselbe zu tun und die Feinde von damals zu umarmen?« Sie war dazu bereit. Nicht alle ihre Probleme verschwanden auf einmal, aber eine Besserung trat ein.

Gottes Geist hilft dem Verwundeten manchmal so, daß dieser in einem inneren Bild selber den Herrn an der Arbeit spürt. So beteten wir mit einem Mann, der eine Angstneurose hatte. Er erzählte, daß er zu Hause wenig Liebe empfangen hatte. Wir baten den Herrn, dem Kind jene Liebe zu schenken, von der er als Kind zu wenig bekommen hatte: mit ihm spazierenzugehen und zu plaudern. Nach dem Gebet sagte der Mann: »Auf einmal hörte ich nicht mehr, was Sie beteten. Ich sah eine Männergestalt; nur ihr Gesicht konnte ich nicht wahrnehmen. Sie drückte mich an ihre Brust, warf mir einen Ball zu, ging mit mir schwimmen, Dinge, die mein Vater nie mit mir getan hatte.«

Die Heilung der Verwundungen findet nicht immer in einem einzigen Gebet statt. Oft ist eine Reihe von Gesprächen und Gebeten nötig. Genau wie körperliche Heilung ist Heilung der Seele meist ein längerer Prozeß. Manchmal muß wie bei einer Kette Glied um Glied gelöst, wie bei einer Zwiebel Schale um Schale abgelöst werden. Und wenn Menschen nicht weitergehen wollen, wird der Heilungsprozeß gestoppt.

Wann ist dieser Prozeß zu Ende? Wenn jemand an seine Verwundungen zurückdenken kann, ohne daß die bisher damit verbundenen Gefühle zum Vorschein kommen − Gefühle der Angst, der Pein, der Wut. Die Frau, bei der ich an das Wort »Wiege« denken mußte, sagte nach einem Nachmittag voller Gespräche und Gebete: »Merkwürdig, jetzt tut es nicht mehr weh!« Manchmal ist man sogar hinterher für seine Wunden dankbar, weil sie Anlaß waren zu Segen und Wachstum.

Oft ist auch eine Nachbetreuung nötig. Es kommt vor, daß sich Menschen wegen ihrer Verwundungen so von ihren Mitmenschen isoliert haben, daß sie lernen müssen, wieder in Gemeinschaft mit anderen zu leben. Die Frucht des Geistes kann sich jetzt reicher entfalten. Der Heilige Geist kann in unser »Lebenshaus« einziehen, um es in Ordnung zu halten.

Einige Seelsorger haben diese innere Heilung auch in Gruppen angewandt. Ein Priester erzählt, wie der Herr zerstörte Beziehungen in einer Gruppe heilte. Er bat die Anwesenden, sich vorzustellen, wie der Herr sie persönlich umarmte und dann ihre Arme nahm und sie einander umarmen ließ. Das führte in der Gruppe zu einer Versöhnung. Ein in der Seelsorge bei Eheproblemen erfahrenes Ehepaar betete während einer Veranstaltung über eine ganze Anzahl möglicher Verwundungen, die in einer Ehe entstehen können, und ließ anschließend die Ehepaare unter vier Augen miteinander weiter sprechen. Agnes Sanford behandelte manchmal während einer Reihe von Vorträgen jeweils einen Lebensabschnitt und betete für die dort entstandenen Wunden. Sie war überzeugt, daß diese Art Gruppenarbeit mehr brachte als ein Sensitivity-Training.

Heilung der Seele kann auch für die Heilung des Leibes Folgen haben. Wenn die Harmonie im Gefühlsleben gestört ist, kann sich das auf die Harmonie im Körper auswirken. Wiederherstellung dieser inneren Harmonie kann den Heilungsprozeß im Körper fördern.

Ein Mann hatte in seiner Jugend seinen Vater ermordet, was für ihn schwere Folgen hatte. Wir beteten um Heilung seiner inneren Wunden. Plötzlich berührte er seinen Hals und rief aus: »Mein Hals und meine Schultern tun nicht mehr weh!« Innere Entkrampfung hatte zur körperlichen Entkrampfung geführt.

Auch ohne Gespräch mit einem Seelsorger kann der Herr längst vergessene Ereignisse ins Gedächtnis zurückbringen, um sie zu heilen.

Als ich mich intensiv mit diesem Thema beschäftigte, fragte ich mich, ob ich nicht auch selber innerlich verwundet war. Mir war nichts bewußt. Aber eine Woche, nachdem ich den Herrn gebeten hatte, mir zu zeigen, wenn doch etwas da sein sollte, wurde ich im Schlaf in die Kriegszeit zurückversetzt. Es war etwa im Jahr 1943 und ich war Gymnasiast. Als ich wach wurde, wußte ich alles wieder. Ich hatte dem Vorsitzenden unseres Schulvereins, einem Mitschüler, schriftlich vorgeschlagen, eine Aktion zu starten, um Kriegsgefangenen Eßpakete zu schicken. Er hatte mir nie geantwortet, aber etwa einen Monat später meinen Plan als seinen ausgegeben. Ich wußte wieder, wie verwundet ich damals gewesen war. Ich entdeckte: es war mein Ehrgeiz gewesen. Ich hatte gewollt, daß mich jedermann wegen meiner guten Idee loben sollte. Ich bat den Herrn um Verzeihung für meinen Ehrgeiz, vergab in meinem Herzen dem Schülervorsitzenden und dankte dem Herrn, daß die Aktion ein Erfolg gewesen war. So wurde ein Stein, der viele Jahre lang unter der Oberfläche gelegen hatte, ausgegraben und weggeräumt.

Oft ist die innere Heilung verbunden mit dem Dienst der Befreiung. Innere Wunden können eine offene Tür sein, durch die negative Mächte eindringen. Auch können diese, wie Blutegel, versuchen zu verhindern, daß die offenen Wunden sich schließen. Ob man in der Seelsorge mit einem Gebet um innere Heilung oder mit dem Dienst der Befreiung anfängt, hängt von der Situation ab[6]. Jedenfalls können ausgetriebene böse Mächte zurückkehren, wenn die Wunden nicht geheilt werden.

Unser letztes Beispiel soll zeigen, wie Befreiung und innere Heilung miteinander verbunden sein können.

Bei der ersten Begegnung hatte eine junge Frau Befreiung gefunden. Acht Monate später war sie aber erneut besessen. Trotz einer Stunde Kampf wollte der starke Feind nicht weichen. Dann kam eine Kampfpause. Von Anfang an war die Frau ohne Bewußtsein. Jetzt fing sie an, wie eine Schlafwandlerin oder eine Narkotisierte zu sprechen. Es war, als ob eine unsichtbare Hand gerade an den Stellen ein Tonband in Bewegung setzte, wo von inneren Wunden die Rede war. Eine Kinderstimme sagte aus ihrem Mund: »Ich habe die Oma doch nicht umgebracht.« Aus dem, was weiter gesagt wurde, schlossen wir, daß die Frau als junges Kind Medikamente für die kranke Großmutter hatte holen müssen. Sie hatte aber zuerst einige Stunden auf der Straße gespielt. Als die Oma kurz nachher starb, bekam sie die Schuld dafür. Viele andere Verwundungen folgten. So war, als sie zwölf Jahre alt war, ihre Lieblingstante gestorben — damals hatten die Phänomene von Besessenheit angefangen.

Inzwischen beteten wir, daß der Herr jede Wunde heilen möge. Auch sagten wir uns, wir würden ihr hinterher nicht erzählen, was wir gehört hatten, weil sie uns diese Dinge ja nicht bewußt erzählt hatte. Nachdem das innere »Tonband« abgelaufen war, wurde auch der Feind schnell vertrieben. Als wir sie einige Tage später nach Hause brachten, sagte sie spontan: »Die erste Befreiung war schön. Aber es war, als ob ich noch immer an einem Gummiband angebunden war, das mich immer wieder zurückzog zu häßlichen Dingen aus meiner Vergangenheit. Was an jenem Abend geschehen ist, weiß ich nicht genau. Aber eines weiß ich: das Gummiband ist jetzt weg!«

In diesem Fall hat der Herr selber eingegriffen. Bei dieser Art der Seelsorge braucht der Seelsorger nur wenig zu tun: es ist der Herr, der die Seele heilt, wenn es nötig ist, auch ohne ein Gespräch und Gebet mit dem Seelsorger!

VIII

»Macht Kranke gesund«
Der Mensch als Kranker

Die christliche Seelsorge orientiert sich an Gottes Sorge für den Menschen. Sie dient ja dem großen Hirten. Und die Liebe dieses göttlichen Hirten richtet sich auf die geschändete, vergewaltigte, zerstörte Schöpfung. In dieser Schöpfung ist Gott an der Arbeit, um sein »Schalom«, die gute Ordnung seines Reiches, seiner Herrschaft, wieder aufzurichten. Dazu schließt er seinen Bund mit Israel. Im Rahmen dieses Bundes will er auch der Arzt der körperlichen Krankheiten der Menschen sein. Wenn mit ihm die Gemeinschaft ermöglicht und wiederhergestellt wird, hat dieses Heil auch Folgen für die körperliche Existenz seiner Kinder. Wenn sie der Stimme ihres Gottes gehorchen und auf seine Gebote achten, bleiben ihnen die Krankheiten, die den Ägyptern auferlegt wurden, erspart, denn: »Ich bin der Herr, dein Arzt« (2. Mose 15, 26).

In diesem Wort wird das vorbeugende Element betont. Immer wieder wird aber in der Bibel auch über das therapeutische Element gesprochen. Immer wenn Krankheiten in ein Menschenleben eingedrungen sind, dann gibt es die Verheißung einer Heilung. Gott sei der, der »alle deine Sünden vergibt und heilet alle deine Gebrechen« (Ps. 103, 3). Um Mose und um einige Propheten herum fanden solche Heilungen auch tatsächlich statt.

Das Alte Testament weist oft über sich selbst hinaus. Ein neuer Bund wird kommen. Dann werden die Tauben hören und die Blinden sehen, die Stummen werden sprechen und die Lahmen werden springen (Jes. 29, 18; 35, 5 ff.). Ein zweiter Jesaja weiß von einem Knecht des Herrn, der auch unsere Krankheit tragen wird und durch dessen Wunden wir geheilt werden (Jes. 53, 4 ff.).

Jesus, der Messias, greift auf diese Weissagungen zurück. Er verkörpert völlig Gottes Heilswillen. Er entreißt das Leben der Menschen dem Antireich der Finsternis. Er bringt Heilung in die zerrissene Schöpfung. Deshalb heilt er alle Kranken, die zu ihm gebracht werden (Matth. 8, 16.17), Juden und sogar Nicht-Juden, Leute, die an ihn glauben, und solche, die noch nicht an ihn glauben. Darin zeigt er Gottes Liebe und Gottes Macht.

Das bleibt nicht auf Jesus beschränkt. Die Liebe Gottes und die Macht seines Reiches sollen während der *ganzen* Weltgeschichte bezeugt und gezeigt werden, bis der Augenblick kommt, wo das nicht mehr nötig sein wird, weil das Vollkommene gekommen ist und wir »von Angesicht zu Angesicht« sehen werden (1. Kor. 13, 10.12), weil »die Hütte Gottes bei den Menschen sein wird« (Offb. 21, 3). Deshalb gibt Jesus seinen Jüngern den Auftrag, neben Befreiungen auch Heilungen zu verrichten (z. B. Matth. 10, 1.8) und die Werke zu tun, die er selber getan hat (Joh. 14, 12). Dieses Gebot, diese Verheißung, gilt nicht nur den zwölf Jüngern, sondern jedem, der an Jesus glaubt (Mark. 16, 17). Alle Gemeinden, auch die heidenchristlichen, dürfen als Gaben des Geistes Gottes solche Heilungen erwarten (1. Kor. 12, 9).

Wo immer Reich, Wort und Geist Gottes wirksam gegenwärtig sind, werden auch Kranke geheilt. Vom Neuen Testament läuft eine Spur solcher Heilungen durch die Kirchengeschichte bis in unsere Zeit. Allerdings müssen wir zugeben, daß in verschiedenen Jahrhunderten und in einigen Konfessionen diese Spur sehr schmal gewesen ist. Aber daß Heilungen am Ende des ersten Jahrhunderts aufgehört haben, kann nur jemand behaupten, der von Schriftauslegung und von Kirchengeschichte wenig Ahnung hat.

In der Pastoraltheologie hat man der Krankenseelsorge viel Aufmerksamkeit gewidmet. Eine ganze Reihe von Möglichkeiten für die Begegnung mit Kranken wurden ausführlich besprochen. Von diesen Betrachtungen können wir bestimmt einiges lernen. Aber der biblische Auftrag beschränkt sich nicht auf ein: »Besucht und tröstet die Kranken«, sondern er lautet: »Macht die Kranken gesund.« Die meisten Bücher über Seelsorge an Kranken handeln nicht oder kaum von diesem Auftrag Jesu[1]. Aber Seelsorge, die an Jesus orientiert ist, die von der Kraft und von den Gaben des Geistes weiß und sich auf den ganzen Menschen richtet (siehe Kap. I dieses Buchs), wird auch in der heutigen Zeit diese biblische Linie treu fortsetzen wollen. Menschen helfen, Jesus nachzufolgen, bedeutet auch: kranken Menschen helfen, in Jesus ihren Arzt zu sehen. Eine solche Seelsorge wird das, was in der Bibel zum Zentrum — dem Reich Gottes — gehört, auch in den Mittelpunkt rücken wollen. Nicht deshalb, weil sie im christlichen Dienst der Heilung ein Hobby sucht, sondern weil sie einfach dem Herrn gehorchen möchte, auch in diesem zwanzigsten Jahrhundert, wo es trotz aller wissenschaftlichen Fortschritte noch immer — auch unheilbare — Krankheiten gibt und wo das Reich Gottes genau so eine Wirklichkeit ist wie im ersten Jahrhundert.

Weil wir wissen, daß Gott auch heute regiert, darf man sich nicht allzuschnell verstecken hinter einem fatalistischen Verständnis der Bitte im »Vaterunser«: »Dein Wille geschehe«. Wir wissen ja, was Gottes Heilswille prinzipiell heißt: Am Ende Erlösung und die Heilung der ganzen Schöpfung durch einen neuen Himmel und eine neue Erde. Wenn jemand Jesus, der ja diesen Heilswillen verkörpert, fragt, ob er ihm helfen will, so lautet die Antwort immer: »Ich will's tun« (Luk. 5, 13). Jesu Leben auf dieser Erde ist bereits der Neuanfang, der Keim des endgültigen Reiches Gottes, das sich bezeugt »in Zeichen und Wundern«, die den Gläubigen folgen und ihr Zeugnis von Jesus Christus bestätigen.

Trotzdem wissen alle, die mit dem Dienst der Heilung in Berührung kommen, daß nicht jeder, für dessen Heilung gebetet wird, diese Heilung auch tatsächlich empfängt. Schon ein Paulus mußte Trophimus in Milet krank zurücklassen (2. Tim. 4, 20). Wir dürfen Erfahrungstatsachen nicht einfach übersehen. Wir dürfen sie auch nicht mit einer Art Machtwort lösen wollen, wie mit dem Satz: »Wer nicht geheilt wird, hat nicht — oder nicht genug — geglaubt.« Solch eine verallgemeinernde Seelsorge ist nicht nur Nicht-Geheilten gegenüber grausam, sondern auch biblisch nicht zu begründen. Es gibt in der Bibel viele Verheißungen für Gebetserhörung, aber trotzdem werden nicht alle Gebete erhört. Manchmal kommt eine Erhörung schrittweise, manchmal erst viel später, manchmal wird auch etwas anderes geschenkt als das, worum gebetet wurde. In seinem Buch »Die Kraft zu heilen« zählt Francis McNutt eine ganze Reihe von Faktoren auf, die Heilung verhindern können[2]. Sicher, es kann am Kranken selber liegen: an einer Sünde, einem Groll zum Beispiel, den er nicht aufgeben will. Aber es kann auch sein, daß derjenige, der um Heilung betet, in diesem Augenblick kein offener Kanal ist, durch den Gottes heilende Liebe strömen kann. Auch können Streitigkeiten in der eigenen Gemeinde oder die Zerrissenheit des universalen Leibes Christi eine Heilung verhindern (vgl. 1.Kor. 11, 30). Und schließlich leben wir immer noch in einer sich nach Erlösung sehnenden Welt (Röm. 8, 22.23) mit ihren Krankheiten, ihren Verkehrsunfällen, ihrer Umweltverschmutzung, ihren Kriegen und deren Folgen.

Alle fünfzehn Teilnehmer an einem Bibel- und Gebetskreis hatten ihre psychischen oder körperlichen Schwierigkeiten. Ich wurde eingeladen, mit allen zu beten. Während eines zweiten Besuches, drei Monate später, gab es verschiedene Zeugnisse von Gebetserhörung. Einer brauchte keine Tabletten für seinen Kreislauf mehr einzunehmen. Eine Bäuerin, die nach einem Unfall eine Metallkugel in ihre Schulter eingebaut bekommen sollte, danach aber keine Landarbeit mehr hätte verrichten können, hörte, nachdem neue Röntgenaufnahmen gemacht worden waren, daß diese Metallkugel nicht mehr nötig war. Aber jene junge Frau mit Multipler Sklerose, für die ich am inbrünstigsten gebetet hatte, war inzwischen zwar im Glauben gewachsen, aber körperlich nicht geheilt.

Oft entdecken wir: wenn — aus welchem für uns oft unerklärlichen Grund auch — der Körper nicht geheilt wird, wird dieser Mensch oft auf andere Weise gesegnet.

Eine Frau wurde nach viel Gebet im letzten Stadium von Krebs geheilt. Sie durfte nach Hause, nahm an Gewicht zu, und ihr Arzt bestätigte ihr, daß sie eine Ausnahme sei. Aber nach einem halben Jahr kam die Krankheit zurück, und innerhalb weniger Wochen starb die Frau. Was war aber während dieses halben Jahres geschehen? Noch im Krankenhaus hatte sie mir erzählt, daß sie zwar getauft, aber nie konfirmiert worden sei. Ich hatte geantwortet: »Aber das kann ja immer noch geschehen.« Als sie zu Hause war, erinnerte sie mich an dieses Gespräch. Ihr Mann, der in der gleichen Lage war, hatte zuerst noch Schwierigkeiten mit der Person Jesu. Einige Gespräche halfen ihm, diese Schwierigkeiten zu überwinden. Gemeinsam wurde das Ehepaar konfirmiert. Auch ein

Sohn und eine Schwiegertochter kamen zum lebendigen Glauben und meldeten sich in ihrer Gemeinde zum Konfirmandenunterricht (man kann in den Niederlanden zwischen 18 und 80 Jahren konfirmiert werden). Auch als die Frau starb, blieben die drei auf dem Glaubensweg.

Im Dienst der Heilung können wir nicht mit einfachen Schemata arbeiten. Neben Ausrufezeichen gibt es auch Fragezeichen, neben Tränen der Freude auch Tränen des Leides.

Alle Christen, die sich innerhalb der verschiedenen kirchlichen Traditionen mit dem Dienst der Heilung beschäftigen, weisen nicht nur jede Schematisierung — wie oft in der Pfingstbewegung — und auch jede Vernachlässigung — wie oft in den protestantischen Kirchen —, sondern auch jede Übertreibung zurück. Es gibt kleine Gruppen, die die Ansicht vertreten, daß man jede medizinische Heilung verwerfen muß, wenn man für seine Heilung auf Gott vertraut. Für sie handelt es sich um ein Entweder-Oder. Wir dagegen halten fest an einem Sowohl-Als-auch. Der Arzt handelt auf der Grundlage des allgemeinen Schöpfungsauftrags an den Menschen, sich die Erde (und das umfaßt auch die auf der Erde vorkommenden Krankheiten) untertan zu machen. Auch ein ungläubiger Arzt führt diesen Schöpfungsauftrag aus. Der christliche Dienst der Heilung geht vom Bund, vom Heil, vom Reich Gottes aus. So wie es theologisch gesehen gefährlich ist, Schöpfung und Bund voneinander zu trennen, so ist es seelsorgerlich nicht zu verantworten, medizinische Behandlung und Gebet um Heilung gegeneinander auszuspielen. Wir dürfen es dem Herrn überlassen, ob er durch den Arzt und seine Medikamente oder durch den Seelsorger und seine Gebete oder durch das eigene Gebet des Kranken Menschen segnen will. Höchstens kann man sich fragen, was bei diesem Sowohl-Als-auch den Vorrang hat. Der Durchschnittschrist ist geneigt, die Weisung des Jakobus (Jak. 5, 14) zu lesen, als ob da stehen würde: »Ist jemand krank, der rufe den Arzt zu sich.« Aber Jakobus sagt, daß wir die Ältesten der Gemeinde rufen sollen. Sollten wir nicht wirklich zuerst den großen Arzt anrufen, bevor wir einen seiner kleinen Ärzte beanspruchen?

Auch jede Imitation müssen wir zurückweisen. Wer seine Seelsorge auf den ganzen Menschen richtet, begegnet nicht nur dem Dienst der Heilung und der Befreiung, sondern begegnet auch den okkulten Heilmethoden mit ihren für Seele und Geist schädlichen Folgen. Daß diese Heilmethoden aus der vorchristlichen Zeit überleben konnten, kommt einerseits daher, daß sich in großen Teilen Europas das Christentum nie recht verwurzelt hat, andererseits daher, daß ein sehr großer Teil der christlichen Kirche den Auftrag Jesu, Kranke zu heilen, vernachlässigt. Dieses Vakuum hat auch Raum geschaffen für die sogenannte »Christliche Wissenschaft«, die Ende des neunzehnten Jahrhunderts von Mary Baker Eddy gegründet wurde.

Wie ich in Ostafrika feststellen konnte, wächst aber die Kirche schnell, wenn der Dienst der Heilung wieder ausgeübt wird. Sehr viele Moslems traten dort zum christlichen Glauben über, als Christen mit ihren Kranken gebetet hatten und als diese Gebete erhört wurden.

Daß sich in der heutigen Zeit, im Rahmen einer außeruniversitären Heilkunde, auch eine »paranormale Heilkunde« aufdrängt, hat teils den Grund, daß eine Abneigung gegen eine Medizin entstanden ist, die nicht den kranken Menschen, sondern kranke Organe behandelt, und das oft durch Medikamente mit schädlichen Nebenwirkungen. Der andere Grund ist, daß aber auch die christliche Tradition, die früher einmal spiritistische und magische Heilung für unerlaubt erklärt hatte, jetzt sehr geschwächt ist. Wo man das Gold des Neuen Testaments nicht mehr kennt, kann man leicht Goldimitation für echt halten. Wo man die biblischen Realitäten des Gottesreiches nicht oder nicht mehr kennt, kann man die in der Bibel verbotenen Imitationen aus dem Reich der Finsternis für harmlos oder sogar — Höhepunkt der Verwirrung! — für ein Geschenk Gottes halten.

Der christliche Dienst der Heilung will nichts wissen von geheimnisvollen Kräften im Menschen, von mächtigen Zauberformeln, von der Hilfe verstorbener Ärzte, von Heilmagnetismus, verbunden mit Wahrsagerei. Er stellt sich auf biblischen Boden und erwartet im Gebet mit Kranken alles vom Herrn.

Im Gebet mit Kranken werden ihnen oft die Hände aufgelegt, wie Jesus das manchmal machte (z. B. Luk. 4, 40) und wie er es den Gläubigen aufgetragen hat (Mark. 16, 17). Wir erinnern an das, was wir im IV. Kapitel darüber geschrieben haben. Daneben kann auch mit Öl gesalbt werden, wie Markus 6, 13 und Jakobus 5, 14 es erwähnen. In Israel war Olivenöl nicht nur ein Heilmittel, zum Beispiel bei der Behandlung von Wunden, sondern es galt auch als Symbol des Heiligen Geistes. Zur Ausrüstung für ihre Aufgabe wurden Könige gesalbt. Auch wenn in Jakobus 5 nicht das sakrale Wort für Salbung gebraucht wird[3], der Gedanke, daß durch Berührung mit Gottes Geist in der Salbung mit Öl Heilung stattfinden kann, wird sicher mitgespielt haben. Die katholische Tradition hat an der Salbung mit Öl festgehalten. Im dreizehnten Jahrhundert wurde sie immer mehr zu einem Ritus, der an Sterbenden vollzogen wurde. Das Zweite Vatikanische Konzil stellte die ursprüngliche Bedeutung wieder her und machte aus der »letzten Ölung« wieder das »Sakrament der Krankensalbungen«.

In unserer Kultur ist die Sprache der Hände bekannter als die Bedeutung das Öls. In reformierten Kreisen werden, wo der Dienst der Heilung wiederaufgenommen wird, eher die Hände aufgelegt als mit Öl gesalbt. Trotzdem kann auch das geschehen, wenn man darum bittet. Einige sind gewohnt, Augen, Nase, Ohren und Hände zu salben; meistens wird nur die Stirn gesalbt.

Während eines Segnungsgottesdienstes bat eine Frau um Salbung mit Öl. Zum zweiten Mal hatte sie einen bösartigen Knoten in der Brust. Das Datum der Krankenhausaufnahme und der Operation war schon festgelegt worden. Beim ersten Mal war nach der Salbung mit Öl Heilung erfolgt. Zwei Mitglieder der Gruppe und ich salbten die Frau mit Öl und beteten mit ihr. Am selben Abend konnten sie und ihr Mann den Knoten nicht mehr finden, ein paar Tage später der Spezialist auch nicht. Die Operation wurde abgesetzt. Ein unerwartetes Geschenk war, daß beim Gebet auch Ängste, unter denen die Frau jahrelang gelitten hatte, bleibend verschwanden, obwohl wir dafür gar nicht gebetet hatten.

Gebet um Heilung, unter Handauflegung oder Salbung mit Öl, braucht natürlich nicht während besonderer Zusammenkünfte stattfinden. Jeder Hausbesuch oder Krankenhausbesuch kann dafür Gelegenheit bieten. Es kann in jedem Bibel- oder Gebetskreis geschehen. Gerade dort ist auch eine pastorale Nachbetreuung besser möglich.

Ein Gemeindeglied, eine achtzigjährige Frau, wurde ins Krankenhaus aufgenommen. Eine Woche später lag sie in einem Einzelzimmer: sie hatte sich schon von ihren Familienmitgliedern verabschiedet. Ich kannte sie als eine geistig sehr rege Frau und fand sie eigentlich zum Sterben noch zu aktiv. Unter Handauflegung betete ich um Heilung, ohne zu wissen, an welcher Krankheit sie litt. Einige Tage später wurde sie aus dem Krankenhaus entlassen. Erst dann hörte ich, daß sie sechzig Jahre lang an Asthma gelitten hatte. Das Asthma ist nie mehr aufgetreten.

Ein anderes Gemeindeglied hatte Amöben im Blut. Bluttransfusionen halfen nur kurze Zeit. Eine Schwefelkur im Krankenhaus hatte nicht alle Amöben töten können. Auf die Dauer wäre die Krankheit tödlich verlaufen. Nach Gebet um Heilung während eines Hausbesuches ergab sich bei der nächsten Untersuchung, daß keine Amöben mehr da waren.

Ein Mann bat um Gebet. Er war Herzpatient und hatte eine sogenannte Bypassoperation hinter sich. Aus seinem Bein waren Gefäße entnommen und zur Überbrückung von verengten Herzkranzgefäßen, die einen Infarkt befürchten ließen, eingesetzt worden. Am Tage nach dem Gebet fühlte er sich wesentlich besser. Anschließend fuhr er zu einer Kur. Gegen Ende der Kur wurde ein Belastungs-Elektrokardiogramm gemacht: man sitzt dabei auf einem Fahrrad, während bei steigenden Belastungen der Puls überwacht wird. Bevor mit ihm gebetet wurde, konnte er den Wert von 25 Watt schaffen, aber nicht mehr. Jetzt schaffte er 125, den Wert, der für gesunde Menschen seines Alters normal ist. Sein eigener Arzt wollte es nicht glauben, er traute ihm allenfalls 50 Watt zu und meinte, daß die Apparatur am Kurort kaputt gewesen sei. Als der Mann aber bei seinem eigenen Arzt auch denselben Wert erreichte, mußte dieser zugeben, daß etwas medizinisch Unerklärliches geschehen war.

Rational unerklärlich? Einige Skeptiker glauben, daß sie eine Erklärung gefunden haben. »Alles Suggestion!« rufen sie laut. Zwar weiß keiner so richtig, was Suggestion ist. Es ist auch nicht ratsam, etwas Unerklärliches mit etwas anderem Unerklärlichem erklären zu wollen. Außerdem arbeiten nicht viele Seelsorger bewußt mit Suggestion, indem sie etwa einem Kranken sagen: »Wenn ich mit dir bete, wirst du geheilt.« Und auch wenn er das tun würde: Suggestion wirkt meistens nur kurze Zeit, die Wirkung geht schnell vorbei, und der Kranke spürt seine Krankheit wieder. Und wenn so etwas wie Suggestion eine Rolle spielen sollte, würde man erwarten, daß es sich besonders um psychosomatische Krankheiten handeln würde, also um körperliche Beschwerden, die eine Folge psychischer Belastungen sind; unsere Beispiele zeigen aber, daß das keineswegs immer der Fall ist. Auch viele andere Heilungen sind medizinisch kontrolliert und bestätigt worden. Und hätte der genannte Skeptiker auch den Mut, die Heilungen Jesu als »Alles Suggestion!« abzutun?

Es ist gut, Heilungen durch Gebet hochzuhalten. Es ist nicht gut, sie zu unterschätzen oder zu überschätzen. Sie sind keine Beweise für die Wahrheit des Evangeliums. Trotz der Heilungen Jesu glaubten viele Leute nicht an ihn. Ein Geheilter kann in der Ewigkeit verloren gehen, wenn er nicht an Jesus glaubt. Ein Nicht-Geheilter wird in der Ewigkeit gerettet, wenn er auch in seiner Krankheit an seinem Herrn festhält.

Wohl aber sind Heilungen Hinweise, Wegweiser, »Zeichen«. In einer Zeit, wo viele müde geworden sind, weil sie so viele Worte gehört haben und lieber Taten sehen würden, können Heilungen die Augen vieler Menschen dafür öffnen, daß Christus und seine Herrschaft, die ja nicht in Worten, sondern in Kraft besteht (1. Kor. 4, 20), eine Wirklichkeit sind. So sind Heilungen eine Hilfe bei der Verkündigung des Evangeliums: sie unterstreichen und bestätigen das Wort. Und zu gleicher Zeit sind diese Zeichen der Heilung Vorzeichen des kommenden Gottesreiches, wo Krankheit und Tod keinen Platz mehr haben werden.

IX

»Alle Trauernden trösten«
Seelsorge an Depressiven

Die Depression ist eine der schwersten psychischen Krankheiten: schwer zu beschreiben, schwer zu ertragen und schwer zu behandeln. Früher sprach man meist von Melancholie (wörtlich: Schwarzgalligkeit), weil man meinte, die Krankheit werde von schwerem schwarzen Blut verursacht[1]. Das heute übliche Wort »Depression« ist vom Lateinischen »deprimere«: nach unten drükken, abgeleitet. Der Mensch, der an Depressionen leidet, fühlt sich hinuntergedrückt wie in ein tiefes Loch.

Die Krankheit ist nahezu epidemisch geworden[2]. Während die Zahl der Schizophrenen in der ganzen Welt etwa ein Prozent der Weltbevölkerung ausmacht, leiden etwa drei Prozent der Menschheit unter Depressionen. Aber es ist auffallend, daß dieser Prozentsatz nicht überall in der Welt gleich ist. In unserer westlichen Welt sind etwa fünfzehn bis zwanzig Prozent der Bevölkerung, also etwa einer von sechs Menschen, einmal oder öfters im Leben depressiv. Die Krankheit ist unter allen Bevölkerungsschichten verbreitet. Männer und Frauen, Jüngere und Ältere[3], Einfache und Intelligente, Gläubige und Ungläubige können von ihr erfaßt werden. Die Dauer der Depression ist sehr verschieden: sie liegt meistens zwischen einigen Monaten und einigen Jahren. Die Heilung verläuft manchmal langsam, dann und wann findet sie auch plötzlich statt. Manchmal tritt die Depression nie wieder auf, dann und wann kommt sie periodisch wieder. Auch wechseln depressive Perioden öfters mit Phasen übertriebener Heiterkeit, die oft mit wahnhaften Vorstellungen verbunden sind. In diesen Phasen scheint der Patient das Versäumte nachholen zu wollen. Man nennt dieses Krankheitsbild »manisch-depressiv«.

Die Psychiatrie hat versucht, die Vielfalt der depressiven Erscheinungen zu ordnen. Nur hat fast jede psychiatrische Schule ihr eigenes Unterscheidungssystem, was die Sache nicht einfacher macht. Wir verwenden nun einige geläufige Begriffe.

Die »neurotischen Depressionen« sind weit verbreitet. Es sind Depressionen, die aus einer Neurose entstanden sind. Man denkt dabei an eine im Leben erworbene Störung in der Persönlichkeitsentwicklung. Vielfach werden von diesen neurotischen Depressionen die »reaktiven Depressionen« unterschieden[4]. Diese sind meist weniger tief und von kürzerer Dauer als die erste Gruppe. Sie entstehen als Reaktion auf Enttäuschungen und Frustrationen durch bestimmte Lebensereignisse[5] — vielleicht ist eine Verlobung in die Brüche gegangen, eine Ehe geschieden worden, eine geliebte Person gestorben, oder man wurde arbeitslos oder pensioniert.

Diese beiden Gruppen rechnet man zu den sogenannten exogenen, aus äußeren Ursachen entstandenen, Depressionen und unterscheidet davon die endogenen Depressionen. Diese entstehen, wie man meint, ohne erkennbare Ursache spontan von innen heraus. Viele meinen, ihre Ursache liege in Störungen des Stoffwechsels oder des hormonellen Gleichgewichts oder in der Wirkung der Drüsen. Man denkt an einen Mangel an Stoffen, die die Reizübertragung regeln, oder man spricht von unbekannten Störungen im Nervensystem. Man sucht also die Ursache der endogenen Depressionen meist auf der körperlichen Ebene. Die sogenannte Klimateriumsdepression, die bei Frauen in den Übergangsjahren zu einem neuen hormonellen Gleichgewicht auftreten kann, gehört zu dieser Gruppe der endogenen Depressionen[6]. Möglicherweise gehören zu dieser Gruppe auch Fälle, in denen eine Allergie gegen bestimmte Nährstoffe und Chemikalien zu einer Depression geführt hat[7].

Es ist aber die Frage, ob diese endogenen Depressionen nicht doch in Wirklichkeit oft eher psychische Ursachen haben und deshalb unter die neurotischen Depressionen eingeordnet werden müßten. Einer meiner Freunde, dessen Frau lange Zeit an Depressionen litt, meint: »Der Begriff ›endogen‹ ist ein Verlegenheitswort. Bei meiner Frau spielten die verschiedensten Faktoren eine Rolle.« Und der Psychiater Mader erzählt von einem Mann, dessen Krankheit in der Klinik irrtümlicherweise als endogen depressiv diagnostiziert worden war. In Wirklichkeit war er aber neurotisch depressiv: er war außerehelich geboren, hatte nie einen Vater gehabt. Weder von seiner Mutter und seiner älteren Schwester noch von seinem späteren Stiefvater hatte er jemals Liebe empfangen[8].

Bei einer tiefen Depression umfassen die Symptome — sie sind morgens meist schlimmer als abends — die ganze Person: Seele, Körper und Geist. Alle Lebensfunktionen und Lebensäußerungen werden gehemmt und verändert.

Was die *psychischen* Symptome anbelangt, so fühlt sich der depressive Mensch apathisch, traurig, verzweifelt, leer, bedroht, ängstlich. Er kann deshalb für die Menschen um ihn herum keine Liebe mehr empfinden. Jedes positive Gefühl scheint erstorben zu sein. Dadurch wird auch der Wille gelähmt. Der depressive Mensch vermeidet jede Entscheidung. Seine Arbeit kann er nicht mehr bewältigen. Am liebsten bleibt er im Bett liegen. Gleichzeitig wird auch sein Denken beeinträchtigt: er kann sich kaum mehr konzentrieren, er hält sich für wertlos und nutzlos. Manchmal treten auch Wahnvorstellungen auf: die Knochen würden wegschmelzen oder die inneren Organe würden aufgezehrt, die ganze Vergangenheit sei negativ gewesen, oder die Familie würde bald vor Hunger umkommen.

Die Störungen im Seelenleben haben auch ihre Folgen für den *Körper*. Es fehlt an Appetit, das sexuelle Verlangen stirbt ab, man vernachlässigt sein Äußeres, man spürt manchmal einen Druck auf der Brust oder auf dem Kopf, es gibt Schlafstörungen. Eine organische Ursache für diese körperlichen Störungen ist nicht feststellbar.

Auch der *Geist, das Glaubensleben*, erkrankt. Im Verhältnis zu Gott tritt ein Kurzschluß ein. Das Wissen um Schuldvergebung und Heilsgewißheit geht verloren. Man meint, von Gott verworfen, verdammt zu sein. Man befürchtet, im Banne einer Macht der Finsternis zu sein oder die Sünde wider den Heiligen Geist begangen zu haben. Ein unwirklicher Sündenwahn mit unwirklichen Schuldgefühlen tritt auf, auch bei Menschen, die vorher kaum gläubig waren[9]. Glaube, Liebe und Hoffnung sind gelähmt.

Es ist nicht verwunderlich, daß der depressive Mensch oft von Selbstmordneigungen geplagt wird. Selbstmord scheint der einzige Ausweg aus der Hölle zu sein, in der er lebt. In der tiefsten Phase der Depression ist er meistens zu apathisch dazu. Vor und nach dem Tiefpunkt ist der Drang zum Selbstmord am stärksten. Die Hälfte aller Selbstmorde werden von Depressiven verübt.

Über die Ursache der exogenen Depressionen gibt es zahllose Theorien. Könnte es sein, daß sich hinter dem Krankheitsbild der Depression ganz verschiedene Ursachen verbergen? Einige weisen darauf hin, daß viele Depressive perfektionistisch eingestellt sind. Ihr »Über-Ich« ist besonders streng. Sie schaffen die hundert Prozent nicht. Ihre Versuche, vollkommen zu sein, gehen über ihre Kräfte, ihr Gewissen klagt an, wütet gegen sie[10]. Andere sprechen von einer Neigung zu Passivität und einem Fehlen echter Motivation, von der Neigung zu fliehen. »Angst, Flucht und Stolz sind die depressive Ursachentrias«, meint Margies[11]. Wieder andere denken besonders an schwerwiegende Fehler in der Erziehung. Bei vielen Depressiven, so entdeckte man, war das Verhältnis zur Mutter gestört. Im Elternhaus hat es an liebevoller Bejahung und Geborgenheit gemangelt. Oder Verwöhnung hat das Wachstum zur Selbständigkeit und Widerstandsfähigkeit beeinträchtigt. Geschenke können aber ein liebevolles Herz nicht ersetzen.

Eine andere Auffassung lautet, daß Depressionen oft eine Reaktion sind auf von innen oder von außen kommenden Streß. Kurzschlüsse in den Beziehungen zu den anderen können ebenfalls zu einem solchen Streßzustand führen[12]. Auch im späteren Leben können Ablehnung und erniedrigende Erfahrungen bei der Entstehung von Depressionen eine wichtige Rolle spielen. Weil besonders im Westen das Leben voller Streß ist, ist die Depression gerade dort zu einer Volkskrankheit geworden. Viele Menschen reagieren sehr empfindlich auf das, was andere über sie denken. Vereinsamung führt zu einem Mangel an Reizen, ein Zuviel an Gefühlen zu einem Übermaß an Reizen. Beides spielt bei vielen Menschen heute eine große Rolle.

Einige Fachleute weisen darauf hin, daß bei vielen Menschen auch der Mangel an Geborgenheit in Gott ihre Stabilität vermindert und sie so für Depressionen empfänglicher macht[13]. Weil man seinen Haß und seine Schuld nicht mehr zu einem Gott in Beziehung bringen kann, der von Haß befreit und Schuld vergibt, versucht man diesen zentralen Tatsachen unseres Lebens zu entfliehen und landet dabei leicht in Depressionen.

Schließlich gibt es Beobachter, die davon überzeugt sind, daß Kontakte mit der Welt des Okkulten Depressionen zur Folge haben können[14]. Sie weisen jedoch darauf hin, daß dies nur bei einer Minderheit der Depressiven der Fall ist und daß man also zuerst an Depression als Krankheit denken sollte[15].

Wenn die Depression exogen ist, wenn sie also durch Ursachen und Umstände von außen entstanden ist, dann stellt sich die Frage, warum bei gleichen Bedingungen der eine Mensch depressiv wird, der andere aber nicht. Man denkt dabei an die Möglichkeit einer Erbanlage, einer Familienkrankheit[16], die für Depressionen anfällig macht. Andere vermuten, daß diese Veranlagung sich aus schwierigen Kindheitserfahrungen herauskristallisiert hat. Wieder andere betonen, daß entscheidend ist, *wie* jemand auf seine Umstände reagiert. Depression wäre dann die Folge einer falschen Reaktion, zum Beispiel auf eine Beleidigung, eine Enttäuschung, eine Zurückweisung, besonders wenn diese von den Eltern herrühren. Etwas oder jemand frustriert uns. Frustration führt zu Aggression. Wir sind wütend, aber wir wagen es nicht, diese Wut zu äußern. Die Aggression richtet sich jetzt nach innen, auf uns selber. Deshalb sagt die psychoanalytische Theorie, daß Depression die Folge eines Grolls ist, einer Wut gegen ein nach innen projiziertes Objekt. Weil man weiß, daß dieser Groll nicht richtig ist, kann es zu tiefen Schuldgefühlen, zu großem Selbstmitleid kommen. Deshalb kommt LaHaye zu der Formel: »Unrecht, Beleidigung oder Verwerfung plus Wut mal Selbstmitleid = Depression«[17]. In dieser Formel steckt ein Stück Wahrheit; aber sie ist keine Zauberformel, mit der man jede Depression erklären kann. Denn wir haben gesehen, daß Depressionen mehr als eine Ursache haben.

Die medizinische Wissenschaft hat drei Wege, die Depression zu bekämpfen. Vor 1940 behandelte man depressive Patienten hauptsächlich mit Psychotherapie. Der Therapeut versuchte, mit menschlicher Wärme das Gefühl der Zurückweisung sozusagen wegzuschmelzen. Zwischen 1940 und 1960 benutzte man besonders die Elektrotherapie: man behandelte den depressiven Patienten mit Elektroschocks[18]. Aber diese Schocks können, mindestens zeitweilig, das Gedächtnis schädigen. Wenn sich aber die Umstände und die Art, darauf zu reagieren, nicht ändern, dann ist die eigentliche Ursache vieler Depressionen nicht beseitigt, und die Depressionen können deshalb wiederkommen[19]. Seit 1960 behandelt man Depressive außer durch Psychotherapie insbesondere mit Medikamenten. Die pharmazeutische Industrie hat anti-depressive Psychopharmaka entwickelt. Alte Behandlungsweisen, wie sie in China und bei Hippokrates üblich waren, wurden so erneuert. Die Anti-Depressiva konnten öfters die tiefsten Phasen der Depression erleichtern. Bei endogenen Depressionen können auch noch andere Medikamente oder eine entsprechende Diät[20] helfen. Man darf die Anti-Depressiva nicht verachten, sollte sie aber auch nicht überbewerten. Sie haben schädliche Nebenwirkungen. Sie bekämpfen zwar die Krankheitssymptome, aber nicht ihre Ursachen. Wir sehen also: die drei Behandlungsweisen, die die Medizin kennt, haben noch nicht genügend Perspektiven eröffnet.

Könnte es sein, daß eine gute geistliche Betreuung tiefer geht und radikaler ist? »Nur durch eine lebendige Verbindung mit Gott setzt die Genesung des Kranken ein«, sagt der Psychiater Lechler[21]. Was kann die Seelsorge für depressive Patienten tun? Wie kann der Verwandte, der Freund, der Besucher, der im Auftrag der Gemeinde kommt, helfen?

Zuerst geht es darum, einige Fehler zu vermeiden, und hier können wir von der Psychotherapie lernen. Viele Besucher meinen, mit fröhlichem Auftreten und mit gutem Rat den Depressiven ermuntern zu können: »Kopf hoch, es wird schon werden!« — »Schau doch, wie schön die Sonne scheint!« — »Sei doch dankbar für das viele, das du noch hast!« — »Geh doch mal an einem Abend gemütlich aus!« — »Ich habe für dich ein nettes Buch mitgebracht« — oder: »Du mußt nur viel beten!« Einige möchten sogar das Krankenzimmer mit Plakaten voller Bibelsprüche tapezieren. Das alles ist zwar gut gemeint; aber es ist genau so unbarmherzig, wie wenn wir einen Gelähmten dazu aufrufen, einen Tagesmarsch zu machen. Besonders an den Tiefpunkten der Depression wird sie durch solche Ratschläge noch verstärkt. Der Besucher erreicht also genau das Gegenteil dessen, was er wollte. Möglicherweise zieht er sich daraufhin zurück, beschuldigt den Patienten des Unwillens oder der Undankbarkeit, oder er ist sich bewußt, daß er einen Fehler gemacht hat. Man darf auch den Depressiven nicht mit Vorwürfen überhäufen: »Du solltest dich schämen.« Das verstärkt bei diesem die schon vorhandene Neigung zu Selbstvorwürfen. Und drittens: man darf das Reden über Selbstmordneigungen nicht als Unsinn abtun und diese auch nicht gleich als Symptom einer Dämonie betrachten.

Was kann der Besucher positiv tun? Er wird, wie schwierig das auch ist, bereit sein müssen, auch an den Tiefpunkten der Depression dazusein. Das bedeutet: den Patienten akzeptieren, geduldig auf seine Klagen, auf sein Schreien aus der Hölle heraus hören, ihm beistehen bei seinem Wandern durch sein finsteres Tal. Der Besucher versteht, daß der Patient innerlich zu sehr gelähmt ist, um an Gott festhalten zu können. Er kann darauf hinweisen, daß Gott den Kranken — auch wenn der Depressive es nicht spüren kann — trotzdem festhält und trägt. Er kann anbieten, solange es nötig ist, stellvertretend für den Kranken an Gott festzuhalten. Er kann Hoffnung geben, daß die Depression wieder vorübergehen wird[22]. Besonders nach dem Tiefpunkt der Depression kann man versuchen, den Patienten zu aktivieren. Ein festes Tagesprogramm, das die Passivität durchbricht, macht einen Teil der Therapie aus[23].

Darf der Besucher auch mit dem Patienten beten? Einige lehnen das mit dem Argument ab, daß ein Gebet und ein Bibelwort für den Patienten nichts bedeuten. Daraus schließe er vielleicht um so mehr, daß er verloren sei. Andere meinen dagegen, man solle zwar ein Gebet nicht aufzwingen, könne es aber anbieten[24]. Einige meinen auch, es sei gefährlich, in der Vergangenheit des Kranken nach tiefen Enttäuschungen zu forschen. Wieder andere sind überzeugt, daß sie mehr über die Hintergründe der Depression wissen müßten, um gezielter beten zu können. Der Christ, der weiß, daß bei Gott mehr möglich ist als sogar in der medizinischen Wissenschaft, wird gern mit dem Patienten beten[25]. Immer wieder spürt man, daß dieser für ein solches Gebet dankbar ist, auch wenn es nicht gleich sichtbare Folgen hat.

Ich selber wurde besonders mit vier seelsorgerlichen Möglichkeiten konfrontiert. Sie schließen sich an das in den Kapiteln V bis VIII Behandelte an.

Es ist möglich, daß der Besucher die Ursache der Depression nicht entdeckt. Entweder gab es keine Gelegenheit zu einem

Gespräch oder die Depression ist endogen und überfällt den Patienten ohne erkennbaren Grund. In solchen Fällen bitte ich den Herrn, in das Loch der Depression hinabzusteigen und den Patienten auf seinen starken Armen herauszutragen. In einigen Fällen wurde dieses Gebet erhört.

In einem Segnungsgottesdienst kam eine Frau nach vorne. Sie bat um Gebet für ihre Depression. Es gab keine Gelegenheit zum Gespräch. Bei einem späteren Besuch in ihrer Stadt erzählte die Frau, daß sie nach diesem Gebet von ihrer Depression geheilt war. Vorher hatte sie 37 Jahre lang unter Depressionen gelitten.

Eine ältere Frau bat um ein seelsorgerliches Gespräch. Sie litt unter Depressionen. Wir konnten dafür keine eindeutige Ursache finden. Bei einer späteren Begegnung erzählte diese Frau, sie habe am Abend nach dem Gebet ihre Tabletten gegen Depressionen eingenommen, dann aber innerlich gewußt, daß sie sie nicht mehr brauchen würde: ihre Depression war für immer verschwunden.

Wo bei der Entstehung der Depression Wut eine Rolle spielt, ist ein Gebet, wie oben beschrieben, nicht genug. Verbitterte Menschen können nicht ohne weiteres genesen. Deshalb muß dem Kranken deutlich gemacht werden, daß die Umgebung vielleicht mit Schuld hat an der Entstehung der Depression, aber daß ich doch selber dafür verantwortlich bin, wie ich darauf reagiere. Wir helfen dem anderen, Jesus nachzufolgen, wenn wir ihm helfen, seinen Groll dem Herrn auszuliefern und dem Beleidiger zu vergeben[26]. Der Teufelskreis von Wut und Selbstmitleid kann und muß unterbrochen werden[27]. Wenn an die Stelle der Wut die Liebe tritt, kann eine Rückkehr der Depression verhindert werden. Vergebende Liebe wirkt also vorbeugend und heilend.

Ein älterer Mann litt schon seit dreißig Jahren an Depressionen, die mit manischen Phasen abwechselten. Ärztliche Behandlung hatte genau so wenig geholfen wie seelsorgerliche Gespräche. Manchmal verschwand die Depression plötzlich, aber sie kehrte immer wieder zurück. Eines Tages entdeckte ich die Ursache dieser Rückkehr. Der Mann hatte die Gewohnheit, immer bei einer seiner Schwestern Rat einzuholen. Seine Frau ärgerte sich darüber und warf ihrem Mann vor, daß er sich nicht an sie um Rat wandte. Der Mann wurde von diesem Vorwurf so getroffen, daß er in das Loch der Depression stürzte. Ich verstand seine Frau, machte ihr aber doch klar, daß sie es war, die mit ihren Vorwürfen die Depressionen ihres Mannes verursachte. Sie bat darauf ihren Mann um Verzeihung. Im selben Augenblick verschwand die Depression des Mannes — bis zu dem Moment, als die Frau wieder ihren Ärger aussprach. Nachdem die Frau gestorben war, traten die Depressionen und die manischen Phasen nie mehr auf.

Wo sich hinter der Depression ein Jugendtrauma, zum Beispiel eine Zurückweisung verbirgt, müssen wir in jedem Fall um innere Heilung beten. Wir bitten den Herrn, die Wunde, die geschlagen wurde, zu heilen.

Eine Frau, die schon jahrelang unter Depressionen litt, erzählte, daß sie als Kind zwar einen Teller zum Essen und ein Bett zum Schlafen hatte, aber nie einen Schoß, um darauf zu klettern. Mir fielen Jesu Worte ein: »Lasset die Kinder zu mir kommen.« Im Gebet stellte ich ihr Jesus vor Augen, wie er sich hinkniete und das Mädchen von damals ermunterte, in seine ausgebreiteten Arme zu rennen, auf seinen Schoß zu klettern und ihm zu erzählen, was es durchgemacht hatte, und sich bei ihm auszuweinen. Nach diesem Gebet verschwanden die Depressionen nicht auf einmal, sie wurden aber weniger tief und weniger lang, bis sie schließlich aufhörten. Die Frau wurde eine Seelsorgerin für Depressive in ihrer Umgebung.

Wo Depressionen aus Kontakten mit dem okkulten Bereich entstanden sind oder wo Dämonie in der Depression eine Nebenrolle spielt, ist der Dienst der Befreiung nötig.

Eine Frau hatte sich auf Spiritismus und Wahrsagerei eingelassen. Sie war Depressionen anheimgefallen und gab auf ihr Äußeres nicht mehr acht. Nach einem Gespräch bekannte sie die Kontakte mit dem Okkultismus als Sünde. Die eingedrungenen bösen Mächte wurden vertrieben. Die Depressionen verschwanden.

In einem anderen Fall waren sowohl innere Heilung wie Befreiung nötig. Eine Frau, glücklich verheiratet, litt schon viele Jahre unter Depressionen und hatte mehrere Selbstmordversuche hinter sich. Aus dem Gespräch ergab sich, daß sie mit vierzehn Jahren von zu Hause geflohen war. Ihr Vater war Alkoholiker. Außerdem hatte man in der einsamen Gegend, wo sie damals wohnte, Spiritismus praktiziert. Als sie das erzählte, hatte sie die plötzliche Neigung wegzulaufen. Beim Befreiungsgebet war es, als ob sich etwas in ihrem Kopf herumdrehte. Nach dem Gebet um innere Heilung und nach dem gebietenden Gebet verschwanden die Depressionen[28].

Ein Schreiner braucht verschiedene Instrumente. Zum Bohren braucht er keine Säge, zum Hämmern keinen Schraubenzieher. So wird auch der Seelsorger, je nach Ursache und Art der Depression, unter verschiedenen »Werkzeugen« wählen. Dann und wann wird er mehrere zu gleicher Zeit gebrauchen. Und in manchen Fällen darf er erleben, wie der große Hirte den depressiven Menschen heilt. Dem anderen helfen, Jesus nachzufolgen, bedeutet auch hier, ihn zu dem großen Arzt zu führen, der die Ketten der Depression brechen kann.

X

»Und solche gab es unter euch«
Seelsorge an Homosexuellen

Durch eine hügelige Landschaft fließt ein Bach. Unerwarteterweise gibt es einen Erdrutsch. Der Bach wird abgeriegelt. Hat der Erdrutsch nur kleine Erdmassen in das Bachbett hineingeworfen und strömt der Bach schnell, dann durchbricht das Wasser die Sperre. Vielleicht kann auch ein Teil des Wassers durch die Sperre hindurchströmen und ein anderer Teil sucht sich ein neues Bachbett. Vielleicht wird das ganze Wasser in dieses neue Bett umgeleitet.

Wir wollen mit diesem Bild zeigen, was im Leben einer Reihe von Menschen stattgefunden hat. Ihre erotischen Gefühle sind nur zum Teil oder gar nicht auf das andere Geschlecht gerichtet. Ohne diese Situation selber gewählt zu haben, gibt es eine teilweise oder völlige Orientierung auf das eigene Geschlecht. Deshalb spricht man in meinem Land von Menschen mit homophilen Gefühlen oder über Homophilie[1]. Wir wissen, daß es in dieser Gruppe Unterschiede gibt. Aus dem eben skizzierten Vergleich und aus seiner Erklärung ergibt sich schon, daß es in der homosexuellen Orientierung graduelle Unterschiede gibt. Und wir werden noch sehen, daß auch die Ursachen der Homosexualität und die Reaktion darauf sehr verschieden sein können. Nicht alle Menschen mit homosexuellen Gefühlen kommen zu homosexuellen Handlungen. Viele Homosexuelle sind nette, freundliche und kunstsinnige Menschen[2]. Jemand, der selber nur homosexuelle Gefühle kennt, vergleicht das Phänomen der Homosexualität mit den menschlichen Fingerspitzen: nie sind zwei Fingerabdrücke einander identisch[3].

Wie groß ist die Gruppe der Homosexuellen? Beinahe alle Schätzungen gehen auf die Untersuchungen zurück, die der Amerikaner Kinsey in den fünfziger Jahren über die sexuellen Gefühle bei 5200 Amerikanern machte. Er kam zu dem Schluß, daß vier Prozent der Männer und ein bis drei Prozent der Frauen ihr ganzes Leben lang nur homosexuelle Gefühle kannten und daß ein höherer Prozentsatz — vielleicht zehn bis elf Prozent — zwei »Bachbette« kannte und deshalb als »bisexuell« bezeichnet werden muß. Es gibt aber auch Einwände gegen Kinseys Zahlen. Man weist auf eine Umfrage in Polen hin, wo nur ein halbes Prozent der Befragten erklärte, homosexuelle Gefühle zu haben[4]. Gesprächspartner in Afrika sagten mir, daß unter Afrikanern Homosexualität unbekannt ist. Vielleicht liegt — wie bei den Depressiven — der Prozentsatz in der westlichen Welt höher als in einer eher traditionellen Gesellschaft. Wie dem auch sei: das Phänomen des abgeriegelten Bachs tritt beinahe überall auf: von der Pubertät an in allen Lebensphasen, in allen Bevölkerungsschichten und bei Christen wie bei Nicht-Christen[5]. Die Gemeinde Christi wird darum ringen müssen, ihren homosexuellen Gliedern ein Zuhause anzubieten. Sie wird auch auf ihre Fragen eine Antwort geben müssen. Wie kann man diesen Mitmenschen helfen, Jesus nachzufolgen?

Das Thema, das wir in diesem Schlußkapitel anschneiden, ist äußerst heikel. Auch unter den Christen sind die Auffassungen ganz unterschiedlich. Schnell ist man auch unter ihnen mit Beschimpfungen und Unterstellungen bei der Hand und klebt einander bewußt oder unbewußt ein Etikett auf. Aber eins ist klar: es geht bei Homosexuellen um Mitmenschen, um Nächste, die oft in Not sind. Menschen, die leiden, haben ein Anrecht auf unsere Aufmerksamkeit, auf Achtung, auf Erbarmen, auf Liebe.

1. SEELSORGERLICHE IRRWEGE

Wie hat sich die Christenheit zu Menschen mit homosexuellen Gefühlen verhalten? Weit unter Niveau! Daß man in früheren Jahrhunderten wenig darüber wußte und deshalb auch wenig damit anfangen konnte, ist verständlich. Auch die Wissenschaft hat dieses Gebiet erst spät entdeckt. Aber daß auch heute noch geistliche Führer für die Lage, in der sich eine Anzahl ihrer Mitmenschen und Gemeindeglieder befindet, kein Verständnis haben — ihnen manchmal sogar raten, so bald wie möglich zu heiraten —, ist eine tieftraurige Sache.

Die Schuld der Christenheit liegt aber tiefer als nur in einem Mangel an Erkenntnis. Daß man homosexuelle Handlungen als sündig verwarf, dafür konnte man sich auf die Bibel berufen[6]. Daß man aber diese Sünder als Verbrecher verfolgte, gegen die Männer unter ihnen Gesetze aufstellte[7], jahrhundertelang diese Handlungen mit dem Tod bestrafte — das alles gehört zu den schwarzen Seiten der europäischen Gesellschaft und der europäischen Christenheit. Lange hat man unter einer »Homophobie« gelitten, unter einer Angst vor der Homosexualität. Und die Homophobie führte zum Haß gegen Homosexuelle.

Darin hat die Kirche ihren Herrn verleugnet, der den pharisäischen Moralisten seiner Zeit zurief: »Wer unter euch ohne Sünde ist, der werfe den ersten Stein«, und der zu der Frau, die nach jüdischem Gesetz wegen Ehebruch getötet werden sollte, sagte: »Ich verdamme dich nicht« (Joh. 8, 1–11). Die Kirche vergaß, daß ihr Herr Sünden vergab und dabei keinen Unterschied machte zwischen heterosexuellen und homosexuellen Sündern. Als Zeichen seiner Liebe hielt er die Mahlzeit nicht nur mit den selbstgerechten religiösen Führern, sondern auch mit den von ihnen Kritisierten und Ausgestoßenen. Die Liebe zum Nächsten, ein Hauptgebot Jesu, in dem er die ganze jüdische Thora zusammenfaßte (Matth. 22, 36–40), wurde in Bezug auf die homosexuell lebenden Mitmenschen immer wieder verleugnet. Eine christliche Kirche darf sich nicht damit begnügen, zu Homosexuellen zu sagen: »Du darfst so nicht sein«, und sie darf nicht sagen: »Du darfst gar nicht sein.« Wo waren die Herzen voller Erbarmen, wo waren die helfenden Hände? Hätte der Homosexuelle, der bei Menschen des eigenen Geschlechts Verständnis, Liebe und Wärme sucht, dies nicht gerade bei Christen finden müssen? Aber Christen haben sich oft damit begnügt, Menschen wegen einer Gefühlssituation, für welche sie nicht selber verantwortlich waren, einen Schuldkomplex einzuimpfen. Dadurch haben sie ihnen den falschen Weg der Verdrängung, Unterdrückung und Verneinung ihrer Gefühle gewiesen.

Man kann deshalb begrüßen, daß seit etwa 1960 verschiedene Geistliche eine Gegenbewegung in Gang brachten. Nächstenliebe brachte sie dazu, sich erbarmungsvoll für ihre homosexuellen Mitmenschen und Mitgläubigen einzusetzen. Wir werden noch sehen, daß sie mit ihrer Reaktion auf die traditionelle Haltung zu weit ins andere Extrem geraten sind. Jedenfalls haben sie einen großen Teil der öffentlichen Meinung in ihren Kirchen mit ihren Ansichten vertrautgemacht. Wir fassen ihre Überzeugung in fünf Punkten zusammen:

1. Homosexualität ist eine angeborene Variante innerhalb der menschlichen Sexualität. Der Mensch mit homosexuellen Gefühlen soll nach seiner Art leben. Er soll akzeptieren, daß er nun einmal so geschaffen, so geartet ist. In Christus ist weder Heterosexualität noch Homosexualität, so wie in ihm weder Mann noch Frau ist. Wer zu seiner Veranlagung ja sagt, sagt deshalb ja zu Gott, der uns so in die Welt gesetzt hat. Dem alten Standpunkt: »Du darfst nicht so sein« wird jetzt entgegengestellt: »Du darfst so sein«, ja: »Du sollst nach dem handeln, wie du bist.«

2. Die biblischen Aussagen über Homosexualität sind für unsere Zeit nicht mehr maßgebend. Wir wissen mehr über das Phänomen der Homosexualität als die Autoren der Bibel. Übrigens verbietet die Bibel nirgendwo homosexuelle Handlungen homosexuell veranlagter Menschen. Christus gibt ihnen den vollen Raum, nach ihrer Art zu leben. Homosexualität ist eine vollwertige Äußerung der Vielgestaltigkeit des Menschseins.

3. Jedes Reden über die Möglichkeit der Heilung Homosexueller ist irreal und diskriminiert sie. Sie sind ja nicht krank. Warum soll man eine rechtmäßige Verhaltensweise ändern wollen? Ein echter Homosexueller kann übrigens nicht geändert werden. Geschichten über eine Änderung in der Gefühlsorientierung bei Homosexuellen sind entweder unwahr oder sie betreffen nicht die echten, die sogenannten Kern-Homosexuellen.

4. Die Not der Homosexuellen liegt nicht in ihrer Gefühlsorientierung, sondern im negativen Verhalten der Gesellschaft und der Kirche ihnen gegenüber. Sobald Homosexuelle nicht mehr diskriminiert, sondern als vollwertige und gesunde Menschen akzeptiert werden, hört jede Not auf. Psychiater sehen in ihren Sprechstunden nur gestörte Homo- (und Hetero-)Sexuelle.

5. Homosexuellen kann man am besten helfen, indem man ihnen

zu einer treuen, möglichst lebenslangen, Freundschaft rät, die einigermaßen mit einem Eheverhältnis zu vergleichen ist[8]. Die Kirche sollte zu solchen treuen Freundschaften ermutigen.

Auf diese fünf Punkte möchten wir folgendes antworten:

1. Die Behauptung, daß Homosexualität angeboren ist, wird von der überwiegenden Mehrzahl der Wissenschaftler nicht geteilt. Der Arzt Benkert, der im Jahr 1869 die Homosexualität als eine natürliche, angeborene Variante innerhalb der menschlichen Sexualität verteidigte, war selber ein Homosexueller. Außer den meisten Homosexuellen sind aber nur wenige Wissenschaftler ihm gefolgt[9]. Der »Erdrutsch« aus unserer Einleitung hätte, wenn diese Theorie richtig wäre, schon bei der Zeugung im Mutterleib stattgefunden. Dann wäre tatsächlich eine medizinische oder psychotherapeutische Behandlung unnötig und erfolglos. Allerdings hat man aber für diese Theorie nie Beweise anführen können. Untersuchungen nach Chromosomen und Hormonen haben keine deutlichen Unterschiede zwischen Hetero- und Homosexuellen ans Licht gebracht. Die Ansicht, daß Homosexualität auf genetischen Faktoren beruht, also eine angeborene Veranlagung sei, findet denn auch heutzutage bei Wissenschaftlern kaum noch Anhänger[10].

Die wissenschaftliche Forschung hat freilich viele Tatsachen herausgefunden, die in eine ganz andere Richtung weisen. Psychoanalytiker wie Freud, Adler und Stekel haben, jeder auf seine Art, in der Homosexualität eine Entwicklungsstörung gesehen. Der junge Mensch durchläuft im Anfang der Pubertät eine Phase, in der homosexuelle Gefühle vorkommen. Das Mädchen schwärmt für eine Lehrerin, Jungen experimentieren manchmal mit gegenseitiger Masturbation. Der junge Mensch muß durch diese verletzbare Periode, durch dieses Stadium der Unreife hindurch. Bald bricht die nächste Phase an, in der das auf das andere Geschlecht gerichtete Interesse durchbricht — jedenfalls bei den meisten Jungen und Mädchen. Bei einer Minderheit kommt dieser Durchbruch allerdings nicht oder nur zum Teil zustande. Sie bleibt in der homosexuellen Phase stecken. Oft spürt man das um das 14. Lebensjahr herum.

Zahlreiche Untersuchungen haben Gründe für dieses Steckenbleiben ans Licht gebracht. Der Erdrutsch, der das normale Flußbett des sexuellen Gefühlslebens abgeriegelt hat, ist beinahe immer von emotionalen Konflikten verursacht, die während der frühen Kindheitsjahre eine Rolle gespielt haben[11]. Homosexualität ist der gemeinsame Endpunkt verschiedener Entwicklungen. Drei eigene Erfahrungen bestätigen dies:

Der erste Homosexuelle, dem ich in der Seelsorge begegnete, war ein Soldat. Er war festgenommen worden, weil er als Pfadfinder mit Knaben sexuelle Handlungen verrichtet hatte. Er hatte eine starke Mutterbindung. Durch ihre dominierende Art hatte die Mutter ihn mit ihrer Liebe erstickt. Der Vater hatte bei der Erziehung keine nennenswerte Rolle gespielt.

Eine lesbische Frau, die, wie sie sagte, kein Mädchen in Ruhe lassen konnte, hegte einen tiefen Haß ihrem Vater gegenüber.

Ein verheirateter Mann war stark bisexuell. Gleich nach seiner Geburt war seine Mutter ins Krankenhaus gekommen, später wurde er bei einer Tante erzogen. Außerdem wurde er als Junge von einem älteren Jungen mißbraucht.

Sehr oft sehen wir, daß es seitens der Eltern ein Zuviel oder ein Zuwenig an Aufmerksamkeit, Liebe, Bejahung gegeben hat. Im ersten Fall gibt es oft eine kindliche Bindung an Mutter oder Vater, die die Entwicklung der Gefühle zum anderen Geschlecht blokkiert. Jungen haben oft eine sie beherrschende − entweder hegende oder ablehnende − Mutter, in vielen Fällen kombiniert mit einem weichen oder mit einem oft abwesenden oder seinem Sohn gegenüber gleichgültigen Vater. Wenn die Mutter ihren Sohn ablehnt oder vergöttert, können seine Gefühle sich nur schwer auf ein weibliches Wesen richten. Wenn der Vater seinen Sohn ablehnt oder ignoriert, sucht dieser verzweifelt nach einem Vaterersatz.

Lesbische Mädchen haben oft eine sie beherrschende und ablehnende oder eine stets abwesende Mutter, die auch manchmal ihren Mann und die Sexualität ablehnt. Ihr Vater dagegen war oft herzlich, verwöhnend. Daraus entstand eine Vaterbindung. In einigen Fällen kam es zu einer Verliebtheit, dann und wann zu sexuellen Handlungen zwischen Vater und Tochter. Manchmal meinte der Vater, seine Tochter hätte ein Junge sein müssen, und er erzog sie, als ob sie ein Junge wäre[12]. So wurden die Gefühle des Mädchens zu Menschen des anderen Geschlechts blockiert. Ein Teil der homosexuellen Mädchen sucht sein ganzes Leben lang bei anderen Frauen eine liebevolle Ersatzmutter.

Auch kommt es vor, daß ein Junge sich tief mit einem Bruder, ein Mädchen sich tief mit einer Schwester verbindet und daß die Entwicklung normaler sexueller Gefühle verhindert wird[13]. Auch Inzest zwischen Geschwistern kann diese Entwicklung blockieren[14].

Im Erwachsenen ist das Kind von früher gegenwärtig. Der homosexuelle Erwachsene hat die Erfahrungen und das Leid aus der Kindheit nie verarbeiten können. Der Mangel an Gleichgewicht in der Liebe der Eltern führt zu einem Mangel an Gleichgewicht in der Liebe ihres Kindes. So liegt es aufgrund zahlreicher Untersuchungen nahe, Menschen mit homosexuellen Gefühlen als Menschen zu betrachten, die an einer Gefühlsstörung leiden. Einige Wissenschaftler meinen, daß diese Gefühlsstörung Anknüpfungspunkte in der Veranlagung und im Charakter hat; aber solche Anknüpfungspunkte sind nirgends eindeutig nachzuweisen. Homosexualität ist also kein genetisches, sondern ein psycho-soziales Phänomen.

Sind also die Eltern die Hauptschuldigen an dieser Gefühlsstörung? So einfach ist das nicht. Denn nicht nur können, wie wir sahen, andere Familienverhältnisse eine Rolle gespielt haben, sondern die Eltern selber sind auch von den Verhältnissen der Familien geprägt, aus denen sie herkommen. Es ist eine gefährliche Sache, bei Gefühlsstörungen nach Schuldigen zu suchen. Aber es gibt Grund für die Vermutung, daß mit der Zahl der unglücklichen und gebrochenen Ehen auch die Zahl der Homosexuellen steigt. Auch das Umgekehrte scheint zuzutreffen: je mehr Familien liebevolle Geborgenheit schenken, um so stärker wird die Zahl der Homosexuellen zurückgehen.

2. Die Anhänger der oben angeführten These 2 haben in einigen Punkten recht. Tatsächlich spricht die Bibel nicht über das Gefühlsleben bei Männern und Frauen in bezug auf das eigene Geschlecht. Vielleicht kennt sie den Hintergrund nicht oder inter-

essiert sie sich nur dafür, ob man diesem Drang Folge leistet. Tatsächlich handelt es sich in der Geschichte in Sodom (1. Mose 19, 1—14) nicht um echte Homosexualität. Die Einwohner dieser Stadt sind vielmehr dekadente Bisexuelle, die das Gastrecht mißbrauchen. Vielleicht handelt auch Römer 1, 22—27 von einer ähnlichen dekadenten Bisexualität. Aber es ist falsch, wenn verschiedene Ausleger das Verbot homosexueller Handlungen in 3. Mose 18, 22 und 20, 13 nur als Verbot homosexueller Prostitution in heidnischen Tempeln sehen wollen. Warum ist dann dort nicht gleichzeitig auch heterosexuelle Tempelprostitution verboten? Selbst wenn ihre Auslegung richtig wäre, würde das noch nicht automatisch mit sich bringen, daß homosexuelle Handlungen im täglichen Leben akzeptiert wären. Das Wort »Greuel« ist nicht in erster Linie ein kultischer, sondern ein ethischer Begriff, der sich auf das tägliche Leben bezieht. Das Verbot homosexueller Handlungen steht deshalb auch neben den ethischen Verboten des Ehebruchs, der Blutschande und des sexuellen Verkehrs mit Tieren.

Im Neuen Testament wird diese Linie weiter verfolgt. Jesus will ja keines der kleinsten Gebote auflösen und kein Tüpfelchen vom Gesetz ändern (Matth. 5, 18.19). Paulus ist überzeugt, daß nicht nur die homosexuellen Prostituierten, sondern auch »Männer, die bei Männern liegen«[15], übrigens zusammen mit heterosexuellen Ehebrechern, das Reich Gottes nicht erben werden (1. Kor. 6, 9; vgl. 1. Tim. 1, 10). Wenn Jesus den Mann davor warnt, eine Frau mit Begierde anzuschauen (Matth. 5, 28), hätte er dann ein begieriges Anschauen eines Mannes durch einen Mann gutgeheißen? Würde der Befehl, die Lüste der Jugend zu fliehen (2. Tim. 2, 22) und sich der Unzucht zu enthalten (1. Thess. 4, 3; Eph. 5, 3; Apg. 15, 20), nicht auch für Homosexuelle gelten? Würde der Aufruf des Apostels Paulus, nachzudenken, was rein ist (Phil. 4, 8), nicht gleicherweise Hetero- und Homosexuellen gelten? Und wenn die Auffassungen des Apostels Paulus von Gottes Willen für Homosexuelle veraltet sein sollten, warum sollten dann seine anderen Auffassungen, zum Beispiel über Haß oder Diebstahl, nicht auch veraltet sein?

In der Bibel gilt das Eheverhältnis als Norm (1. Mose 2, 18; Matth. 19, 4—6; Eph. 5, 22.23). Nirgendwo findet sich ein positives

Wort über Homosexualität. Solche Handlungen werden vielmehr als Widerspruch zu Gottes guter Ordnung für den Menschen angesehen. Bestimmt war Jesus bei den Verachteten, bei den Ausgestoßenen seiner Zeit — aber gerade, um ihr Schicksal zu *ändern*! Kranke werden geheilt, Gebundene befreit, Geizige werden freigiebig, die Ehebrecherin wird nicht verurteilt, aber ihr wird gesagt: »Sündige hinfort nicht mehr!«

Die heute verbreitete Aufforderung, »seinem Gefühl zu glauben«, ist irreführend. Das Evangelium ruft uns nicht auf, unser Leben nach eigenen Gefühlen, sondern nach den heilsamen Geboten Gottes zu gestalten (Matth. 28, 19). Die Bibel versperrt den Weg unseres homosexuellen Nächsten nicht, sondern sie öffnet für ihn einen heilsamen Weg. Wer einem Homosexuellen den Rat gibt, so zu leben, wie Gott ihn geschaffen hat, und deshalb nach seinen Gefühlen zu leben, ist nicht nur unwissend hinsichtlich der wissenschaftlichen Erkenntnisse, sondern hat auch eine merkwürdige Auffassung von Gottes Schöpfungsabsichten.

3. Ist es eine Illusion, die Möglichkeit ins Auge zu fassen, den Gefühlsstrom des homosexuellen Menschen in ein anderes Bett umzuleiten? Die Psychiater und Psychotherapeuten, die die Homosexualität als eine Gefühlsstörung betrachten, sind überwiegend der Meinung, daß — wie jede Neurose — auch diese Störung behandelt werden kann. Allerdings sind es nur wenige Homosexuelle, die sich einer psychotherapeutischen Behandlung unterziehen, und von ihnen brechen wieder viele die Behandlung ab. Und nicht nur, weil sie lange dauert und kostspielig ist, sondern auch, weil es einen großen Schritt bedeutet, nun, nachdem man sich dazu bekannt hat, homo- oder bisexuell zu sein, und nachdem man von vielen Seiten den Rat bekommen und vielleicht auch befolgt hat, die eigenen Gefühle zu praktizieren, diesen Rat jetzt wieder zu verwerfen, die alte Gewohnheit aufzugeben, um sich auf den langen und unsicheren Weg zu begeben, die Gefühlsstörung zu beheben[16].

Dennoch gibt es die Möglichkeit, durch die Psychotherapie die Richtung des Gefühls zu ändern. Wo der Wille zu einer grundlegenden Änderung da ist, können die Barrieren, die die Entwicklung zur Heterosexualität verhindert haben, entdeckt und weggeräumt werden, auch wenn eine solche Behandlung einige Jahre dauern kann. Auch einige Erfahrungen von Ärzten und Psychologen stützen unsere Ausführungen:

A. Schrenk-Notzing war der erste, der mit einer Suggestionstherapie Homosexuelle heilte, auch in Fällen, die man im vorigen Jahrhundert als angeboren betrachtete. F. S. Caprio sagt: »Wenn eine Lesbierin sich ändern will, sind die Erfolgsaussichten üblicherweise gut.« Dr. G. J. M. v. d. Aardweg erwähnt, daß in dreißig bis vierzig Prozent der ihm bekannten Fälle Heilung stattgefunden habe. Der Psychologe Dorpmans teilt mit, daß zwar die Hälfte seiner Patienten die Behandlung abbrach, daß aber alle geheilt wurden, die durchhielten. L. J. Hatterer berichtet, daß von seinen 143 homosexuellen Patienten 49 ganz und 18 teilweise geheilt wurden. Marcel Eck beschreibt die Heilung von männlichen und weiblichen Patienten: »Kein Jahr geht vorbei, ohne daß ich die Freude erfahren darf, daß ich die Behandlung eines oder mehrerer Homosexueller zu diesem guten Ende bringen kann.«[17]

Auf psychotherapeutischem Weg konnten »Erdrutsche« weggeräumt werden. Wir werden noch sehen, daß sich auch in der Seelsorge neue Wege öffnen. Dies zu leugnen entspringt einem Vorurteil, das angesichts des Tatsachenmaterials nicht aufrechtzuhalten ist. Wer Menschen dazu überredet, daß ihre Homosexualität nicht zu ändern ist, stellt sich jeder psychotherapeutischen und seelsorgerlichen Therapie entgegen.

4. Tatsächlich muß die Haltung der Kirche und der Gesellschaft sich noch weiter ändern. Der als erster von mir erwähnte und kritisierte seelsorgerliche Irrweg muß gründlich bekämpft werden. Vieles hat sich auf diesem Gebiet schon gebessert. Die Angst Homosexueller vor Entdeckung, Ablehnung und Entlassung ist in vielen Fällen schon heute unbegründet. Aber würde bei einer weitergehenden Änderung der öffentlichen Moral auch die Not des homosexuellen Mitmenschen verschwinden? Er lebt weiterhin in einer Gesellschaft, die in ihrer großen Mehrheit heterosexuell orientiert ist. Mit heterosexuellen Unverheirateten teilt er die Gefahr der Einsamkeit. Außerdem ist das sexuelle Leben des ausschließlich Homosexuellen unfruchtbar: es gibt keine Vater- und keine Mut-

terschaft. Und bei einem Geschlechtsgenossen kann man nie die-
selbe Ergänzung finden, die beim anderen Geschlecht möglich ist.
Der Körper funktioniert nicht im Einklang mit seiner von der
Natur gewiesenen Bestimmung, und im anderen findet man ein
Spiegelbild seiner selbst[18].

Die Auffassung, daß in der Sprechstunde des Arztes nur gestörte
Homosexuelle erscheinen, ist unbewiesen. Oder muß man jemanden, der sich mit seiner Homosexualität nicht abfinden kann, deshalb als gestört betrachten?

5. Daß eine langjährige treue Freundschaft der beste Weg für
einen Homosexuellen wäre, ist ein Ideal, das sogar von den Orga-
nisationen der Homosexuellen zurückgewiesen wird. Für die meisten Homosexuellen ist dieses Ideal unerreichbar. Der französische
Homosexuelle Jacques Valli bestätigt das: »Die Beziehung ist dann
von Besitz und Identifikation gekennzeichnet, nicht von Gegensei-
tigkeit und Kommunikation. Die Schwierigkeit des Homosexuell-
Seins ist also die Schwierigkeit des Zusammen-Seins. Der andere
ist ein Alter-Ego (ein anderes Ich). Das ewige Suchen des Homosexuellen ist ähnlich wie eine Zwangsvorstellung. Unaufhörlich muß
er einen neuen Körper in Besitz nehmen, um sich nachher unaufhörlich auf dem Nullpunkt wiederzufinden und von dort wieder
anzufangen, weil der Zugang zum anderen und der Dialog versperrt bleibt.«[19]

Tatsächlich haben die meisten Homosexuellen den Gedanken an
lebenslängliche Treue zu einem Partner aufgegeben, und häufig
wird der Partner gewechselt. »Untreue ist ein allgemeines Muster
bei homosexuellen Freundschaften«, sagt ein ehemaliger Homosexueller. Eine Umfrage brachte ans Licht, daß nicht mehr als sechs
Prozent der Homosexuellen eine Beziehung hatten, die länger als
fünf Jahre dauerte. Eine andere Untersuchung wies aus, daß nur
3,5 Prozent eine Beziehung mit gegenseitiger Treue kannten, die
mehr als sechs Jahre bestand, während neun Prozent eine ähnliche
Beziehung hatten, aber häufig dem Partner untreu waren[20].

Durch das häufige Wechseln der Partner kommen, genau wie bei
heterosexueller Promiskuität, oft Geschlechtskrankheiten vor. In
Amerika war das im Jahr 1963 bei einem Drittel der Homosexuel-

len der Fall. Dort verbreitete sich auch die AIDS-Krankheit, auch
»Homo-Krebs« genannt, am schnellsten. Der Verlust des Partners
bringt Homosexuelle oft in tiefe Verzweiflung. Der Prozentsatz von
Selbstmorden liegt weit höher als bei Heterosexuellen.

Wer noch nicht davon überzeugt ist, daß — unabhängig von der
Haltung der Gesellschaft — das Ausleben homosexueller Gefühle
nicht ein Ausweg aus der Not, sondern eine Verschlimmerung der
Not ist, lese die nachfolgenden Äußerungen aktiver oder ehemaliger Homosexueller:

»Das Wissen, anders zu sein, drängt uns in die Einsamkeit . . .;
flüchtige Kontakte führen zu einem Kater.«

»Homosexualität ist oft zwangsartig, fast satanisch. Homosexuelle können einander nicht ergänzen, der Mangel wird nie befrie-
digt. Ich habe noch nie ein glückliches Freundespaar kennenge-
lernt. Die Welt der Homosexualität schäumt über von Eifersucht.
Immer wieder gibt es die Angst, daß dein Freund einen anderen
bevorzugen wird.«

»Als ich noch homosexuell lebte, war ich einsamer als heute.«

»Wir haben angefangen zu hassen, was dieses Leben dem Menschen antut.«

»Zeige mir einen glücklichen Homosexuellen, und ich werde dir
eine fröhliche Leiche zeigen.«

«Es gibt keine Treue zwischen Homosexuellen. Es ist abnorm.
Man sollte nicht so tun, als ob es etwas Normales wäre.«

»Hinterher sah ich den großen und tiefgreifenden Schaden, den
die Homosexualität in meinem Leben angerichtet hatte.«

»Nach meiner Bekehrung sah ich, daß ich eingesperrt war in eine
Lebensweise ohne Perspektive.«

»Acht unerträgliche Jahre lang war ich homosexuell. Es war ein
Leben in der Hölle.«

»Es ist eine rauhe Welt, die ich meinem größten Feind nicht
wünschen würde. Die Partner wollen immer neue Erregung und
betrügen einander deshalb.«

»Schließlich müssen wir uns alle an die homosexuelle Prostitution wenden, denn uns verlangt nach jungen Männern und nach
Jungen. Die können wir, wenn wir älter werden, nur gegen Bezah-
lung bekommen.«[21]

Wir schließen aus unserer Widerlegung der fünf Argumente, die die Verteidiger der Homosexualität anführen, daß sie mit all ihren noblen Absichten wie Ärzte sind, die einen Kranken mit schmerzstillenden Mitteln heilen wollen. Der enthaltsam lebende Homosexuelle Davidson sagt über sie, daß sie auf demselben Standpunkt stehen wie der seine Homosexualität auslebende Oscar Wilde. Wilde schrieb: »Der einzige Weg, um die Verführung loszuwerden, ist, ihr nachzugeben.« Davidson wirft ihnen vor, Mietlinge zu sein, die dem Herrn widersprechen und sagen: »Verlasse die Pfade der Gerechtigkeit!« — »Ich will diese Fürsorge nicht«, sagt Davidson, »ich will die Annahme des Sünders, nicht der Sünde. Weshalb sind diese modernen Moralisten denn darauf aus, ihr Erstgeburtsrecht für eine Schüssel unbiblischer Suppe zu verkaufen?«[22]

In ihrer Parole des Nachgebens gehen sie vom natürlichen, vom »fleischlichen« Menschen aus, und nicht vom neuen Wandel in Christus (Eph. 4, 17—32). Wir meinen, daß ihre fünf Argumente in Wirklichkeit nur schöne Märchen sind, deren erste vier zwar von Homosexuellen gerne geglaubt und die alle fünf heute von vielen leichtgläubigen Christen akzeptiert werden. Sie zeigen aber keinen Weg zum echten Glück. Ihre Seelsorge ist unwissenschaftlich und unevangelisch. Sie wollen aus der Natur ablesen, was Gott will. Dabei bewegen sie sich weg vom Wort Gottes. Jesus blieb beim Wort Gottes. Gott hat die Ausrichtung auf das andere Geschlecht gemeint und nicht noch eine Variante nebenher. Loslassen, was Gott meint, dient dem Glück des Menschen nicht. Ein ehemaliger Homosexueller weist in diesem Sinne auf Jesaja 5, 20 hin: »Weh denen, die Böses gut und Gutes böse nennen, die aus Finsternis Licht und aus Licht Finsternis machen.« Papst Paul VI. hat einmal die katholischen Priester gewarnt, daß es ihnen nicht gestattet ist, Gottes Gebote auszuhöhlen.

Deshalb kommt es uns vor, als ob die Seelsorge unserer zweiten Gruppe auf einen Sumpf gebaut ist. Man reitet Steckenpferde, richtet neue Tabus auf, diskriminiert Andersdenkende, blockiert Gottes Absichten mit dem homosexuellen Nächsten, untergräbt die Position derer, die ihre homosexuellen Gefühle nicht ausleben wollen, arbeitet den Therapeuten und Seelsorgern, die das Schicksal des homosexuellen Mitmenschen wenden möchten, entgegen und führt mit seinen Ratschlägen den Homosexuellen nur tiefer in die Sackgasse.

2. EIN SEELSORGERLICHER WEG

Worin kann nun eine Seelsorge in der Kraft des Heiligen Geistes für Menschen mit homosexuellen Neigungen bestehen? Ganz allgemein darin, daß Seelsorge das Psychische mit dem Geistlichen verbindet. »Dadurch, daß sie Christus einen Platz einräumt, bekämpft sie die Neurose«, sagt ein holländischer Priester[23]. Solch eine Seelsorge glaubt an die Auferstehungskraft Jesu und predigt deshalb nicht die Hingabe an die Macht des Fleisches, sondern das Vertrauen auf die Kraft des Geistes. Jesus fügte sich nicht einer gegebenen Situation, sondern brachte eine Wende. Menschen helfen zu wollen, diesem Jesus nachzufolgen, bedeutet also genausowenig, sich der Situation zu fügen und ein homosexuelles Verhalten zu billigen oder gar zu empfehlen.

Pneumatische Seelsorge fängt mit der Bereitschaft an, geduldig hinhörend als Mitsünder mit dem homosexuellen Mitmenschen und Mitchristen einen oft langen Weg zu gehen. Gottes Liebe, die sich auf die ganze Welt richtet, richtet sich auch auf den homosexuellen Menschen. Jesus starb, um alle Hetero- und Homosexuellen zu befreien und ihnen ein neues Leben zu schenken. Gott akzeptiert den Menschen, wie er ist; aber das bedeutet nicht, daß er bleiben kann, wie er ist. Der Seelsorger möchte der Liebe Gottes Ausdruck verleihen; ohne daß er die homosexuelle Praxis gutheißt, wird er seinen homosexuellen Nächsten akzeptieren als einen, den Gott liebhat. Er wird seinen homosexuellen Nächsten weder verurteilen noch dessen Taten gutheißen.

Der Weg, den der Seelsorger auch mit seinem homosexuellen Nächsten geht, heißt erstens: ihm verhelfen zu einer grundlegenden Übergabe seines Lebens an Jesus Christus. Durch diese Lebensübergabe wird der Grund gelegt zu einer »neuen Kreatur« (2. Kor. 5, 17; Gal. 6, 15). Der Seelsorger wird ihm helfen, sich für die Kraft des Heiligen Geistes zu öffnen, der in jedem diese neue Kreatur praktisch verwirklichen will. Dies kann es notwendig machen, daß der eigene Stolz, das Selbstmitleid, die Eifersucht, die Rebellion und der Groll sterben müssen, daß wir unseren Mitmenschen Vergebung schenken oder sie um Verzeihung bitten. Wo der Geist Gottes anfängt in Menschen zu arbeiten, braucht man nicht viel zu befehlen oder zu raten. Der Geist bringt die Menschen zur Einsicht, ob sie auf dem Weg Christi sind oder nicht. Viele, die diese ersten zwei Schritte getan haben, kommen von selber zu dem Schluß, daß Gott zwar den Homosexuellen liebt, aber homosexuelles Verhalten ablehnt. Gottes Geist bringt heute die Menschen zu demselben Ergebnis wie die Propheten und die Apostel in der biblischen Zeit. Das gilt übrigens genauso für falsches heterosexuelles Verhalten: Zur neuen Kreatur gehört auch die Gerechtigkeit und die Heiligkeit (Eph. 4, 24) auf sexuellem Gebiet.

Nach diesen ersten zwei Schritten braucht der homosexuelle Nächste Hilfe und Unterstützung, um, wenn er sich innerlich dahin geführt weiß, seine Beziehung zu seinem jetzigen Partner zu lösen, aus dem Wege zu räumen, was ihn an sein homosexuelles Leben bindet, Menschen und Orte zu meiden, die ihn an seine homosexuelle Vergangenheit erinnern, und positiv Zeit und Energie zu finden für Gebet, Lobpreis und Bibellesen als Hilfe gegen jedes Selbstmitleid. Es geht deshalb drittens darum, eine neue liebevolle Gemeinschaft zu finden, die ihn herzlich akzeptiert, liebevoll trägt und im Kampf kräftig unterstützt.

Das alles bedeutet noch nicht automatisch, daß sich jetzt auf einmal die homosexuelle Neigung ändert. Zwar kann eine Änderung einsetzen; aber manchmal geschieht das nicht[24]. Es bedeutet aber, auch wenn die alten Gefühle noch bleiben, daß sie nicht mehr genährt werden. Deshalb ist es nötig, den Weg der Enthaltsamkeit zu gehen. Wenn wir bestimmte Neigungen haben, bedeutet das ja nicht, daß wir diesen Neigungen auch folgen müssen. Wir können uns weder hinter dem Argument verstecken, daß Gott dafür verantwortlich ist, noch hinter der Ausrede, daß der Böse daran schuld ist.

Dieser Weg der Enthaltsamkeit ist nicht einfach, und bestimmt ist er das nicht in der heutigen Zeit und für einen Menschen, der die Hilfe Gottes und seiner Mitmenschen nicht kennt. Für einen Nichtchristen ist dieser Weg meist zu schwer. Doch werden Unverheiratete (ob sie homosexuell sind oder nicht), die von ihrem Glauben her davon überzeugt sind, daß die Sexualität nur im Rahmen der Ehe zwischen Mann und Frau legitim und lebenserfüllend erlebt werden kann, nein sagen wollen zu einem Gehorsam den eigenen Gefühlen gegenüber — so wie auch Verheiratete nein sagen möchten, wenn sie zum Ehebruch verführt werden — so wie auch ein erbitterter Mensch nein sagen möchte zu jeder Neigung zur Rache. Im Grund geht es um das »Töten der Geschäfte des Fleisches« (Röm. 8, 13), das Sterben mit Christus (Röm. 6, 8), das Kreuzigen der Lüste und Begierden (Gal. 5, 24) und um die Nachfolge Jesu (Matth. 10, 38). Je wirklicher Christus für uns wird, um so mehr wird die Versuchung weichen. Bei jedem Ja zu ihm und bei jedem Nein zum Bösen wächst unser Gehorsam und verliert der Feind an Raum.

Der Homosexuelle, der den Weg der Enthaltsamkeit gehen will, hat — wie jeder Unverheiratete — Anrecht auf unsere Hochachtung und Unterstützung. Dieser »königliche Weg« ist ein schwieriger Weg. Aber viele haben erfahren, daß er gangbar ist[25]. Wer bewußt diesen Weg geht, weiß, daß ihm Gottes Trost und Kraft zur Verfügung stehen und daß, selbst wenn sich in seinem Leben seine Neigung nicht ändert, diese Änderung in Gottes großer neuer Schöpfung stattfinden wird. Während viele Seelsorger Homosexuelle annehmen, sie aber nicht verstehen, und andere um ihre Situation wissen, sie aber nicht lieben, darf der homosexuelle Nächste wissen: Gott kennt mich, und er liebt mich, und er ehrt das enthaltsame Leben. Er macht Sklaven zu Kindern Gottes und befreit sie zur echten Freiheit (Gal. 4, 7; 5, 1).

Aber für den christlichen Homosexuellen ist noch ein anderer Weg möglich als der der Enthaltsamkeit. Kann Jesus nicht mehr tun wollen und tun als nur das Verhalten ändern? Kann er nicht die von Gottes Schöpfungsabsicht abgewichene Gefühlswelt eines Menschen ändern? In vielen Fällen nehmen die homosexuellen Gefühle an Kraft ab, wenn sie nicht mehr genährt werden. Es kann eine Zeit anbrechen, in der man keine homosexuellen Gefühle mehr hat, aber noch keine heterosexuellen. Dann aber kann der Zeiger weitergehen, und Gefühle zum anderen Geschlecht können erwachen. Gott ist Spezialist im Unmöglichen. So erzählte mir jemand, der während vieler Jahre in der Welt der Homosexualität gelebt hatte: »Nachdem ich mit Gottes Geist erfüllt worden war, verschwanden die homosexuellen Gefühle allmählich.«

Um diesen Prozeß zu fördern, kennt die Seelsorge in der Kraft des Geistes zwei Wege: das Gebet um innere Heilung (vgl. Kap. VII) und die Austreibung böser Mächte (vgl. Kap. VI).

Geht es ums Wegräumen des meist in den frühen Kindheitsjahren verursachten Erdrutsches, dann können wir Jesus bitten, zu den damaligen negativen Erfahrungen zurückzugehen und die dort geschlagenen Wunden zu heilen. Natürlich ist dabei wesentlich, daß der verwundete Homosexuelle denen vergibt, die ihn verwundet haben. Vergebung ist der Schlüssel zur Befreiung. Die oben erwähnte lesbische Frau vergab ihrem Vater. Nachdem wir mit ihr um innere Heilung gebetet hatten, verschwanden ihre lesbischen Gefühle. Bei einem homosexuellen Mann hatte die Verwundung schon im Mutterschoß stattgefunden. Während der Schwangerschaft hatte die Mutter viele Liebhaber gehabt. Als der Mann seiner Mutter vergab, verschwanden seine homosexuellen Gefühle rasch[26].

Agnes Sanford erzählt, daß durch innere Heilung viele (sie spricht von Hunderten) oft sogar nach nur einem Gebet geheilt wurden. Aus einem Vortrag für Pfarrer zitieren wir: »Durch solche gezielten Gebete kann diese Abweichung der sexuellen Neigungen leicht und dauerhaft geheilt werden ... Ich rufe die Gegenwart Christi an und bitte ihn, in diese Person zu kommen, mit ihr noch einmal durch all die Jahre hindurchzugehen, das Hindernis zu berühren, das den normalen Strom der schöpferischen Energie blockiert hat, und dieses Hindernis wegzunehmen. Das Hindernis ist meist eine Art Schock oder ein sexuelles Schuldgefühl, etwas, das sich in der frühen Kindheit abgespielt hat ... Ich nenne den Vorfall in meinem Gebet und bitte, die Erinnerung daran von jeder Macht zu reinigen, durch die der andere sich verletzt oder gehemmt fühlen kann. Im Namen Jesu spreche ich den Strom der schöpferischen Energie an und gebiete diesem Strom, in sein normales Bett zurückzukehren.«

Oft geschieht solche innere Heilung in einem Prozeß. Ruth Carter Stapleton beschreibt zwei Fälle, wo Homosexuelle nach längerer Zeit Heilung fanden. Das mangelhafte Vaterbild (der eine Vater war früh gestorben, der andere hatte für seinen Sohn nie Interesse gehabt) konnte bei beiden wiederhergestellt werden[27].

Homosexualität ist aber oft nicht nur eine Gefühlsstörung, sondern auch eine Macht, an die der Homosexuelle gebunden ist[28]. Einige Homosexuelle beschreiben ihre Lage so: »Es ist eine Macht, die stärker ist als ich; mein Zustand war keine Krankheit, sondern eine vollkommene Überwältigung durch den Teufel.« — »Ich war gebunden, ich konnte nicht anders.« Oder: »Etwas, das größer war als ich, hatte mich fest in seinem Griff.«[29] Das wird bestätigt durch ein Experiment, das Dr. Frank Lake in seinem Buch »Clinical Theology« beschreibt. Er ließ fünfzig männliche Homosexuelle LSD nehmen. In ihrem Drogenrausch erlebten alle ihre Geburt — bei allen war diese schwierig verlaufen — und ihre ersten Lebensjahre. Bei allen hatte schon früh eine schmerzliche Verwundung durch die Mutter stattgefunden. Als sie diese Verwundung erneut erlebten, sahen alle, wie dunkle Gestalten in sie eindrangen[30]. — Übrigens sind einige ehemalige Homosexuelle der Überzeugung, daß bei ihnen Dämonen durch das Tor des Stolzes und des Egoismus eindringen konnten.

Neben dem Gebet um innere Heilung spielt deshalb die Vertreibung solcher dunklen Mächte bei Menschen mit homosexuellen Gefühlen eine wichtige Rolle. Auch hier kann die Psychotherapie keinen Beitrag leisten, weil in diesem Bereich nicht wissenschaftliche Einsicht, sondern die Vollmacht Christi im Mittelpunkt steht. Eine Reihe von ehemaligen Homosexuellen bezeugt, wie sie durch eine Dämonenaustreibung von ihrer Gebundenheit befreit wurden[31]. Auch hier kommt es dann und wann vor, daß die Umkehr plötzlich stattfindet; oft aber war die Austreibung nur ein Glied im Heilungsprozeß. Nachdem die falsche Macht vertrieben war, die — oft zusammen mit Verwundungen des Gefühlslebens — die Sexualität in ein falsches Flußbett geleitet hatte, konnte allmählich das von Gott dem Menschen bestimmte Flußbett freigelegt werden.

Ich selber erlebte öfters, wie aus einem Homo- oder Bisexuellen klagend eine Stimme rief: »Ich bin schon so lange bei ihm, er kann nicht ohne mich leben.«

Ein ehemaliger Homosexueller trieb bei dem Holländer van der Sluis Dämonen aus. Dieser sah dabei ein großes Licht. Es war der Anfang seiner Heilung.

Dr. John White, Theologe und Professor für Psychiatrie, berichtete auf einem Kongreß der amerikanischen »Christian Medical Society« über eine lesbische junge Frau. Sie fühlte immer Haß in sich aufsteigen, wenn sie den Namen Jesus hörte. White trieb bei ihr Dämonen aus. Sie verlor nicht nur ihren Haß, sondern auch ihre lesbischen Neigungen[32].

Der englische Psychiater McAll war der 17. Arzt, der versuchte, einer Lehrerin zu helfen, die nach dem Tod ihrer lesbischen Freundin sich von einer bösen Macht beherrscht fühlte. Zusammen mit einem Geistlichen trieb er einen Geist aus, der aus ihrem Mund ausrief: »Geh weg und laß uns allein.« Die Lehrerin sagte: »Das war die Stimme meiner Freundin. Ich fühle mich, als ob ich in meinem Kopf ein großes Loch hätte.« Sie war von ihren lesbischen Gefühlen befreit und heiratete innerhalb eines Jahres[33].

In einer niederländischen Zeitschrift bezeugte jemand: »Nachdem im Gehorsam, entsprechend Markus 16, 17, bei mir die bösen Geister ausgetrieben waren, habe ich den Kampf gegen diese unreine Macht, die anfänglich immer wieder zurückkehren wollte, fortgesetzt, bis diese für immer verschwunden war. Jetzt brauche ich keine falschen Neigungen mehr zu unterdrücken, denn dank der Kraft Jesu Christi sind sie nicht mehr da.«

Wir kommen zum Schluß. Es wurde schon darauf hingewiesen, daß in vielen Fällen der Weg zur Heilung und Befreiung lang und schwierig ist. Seelsorger und Homosexuelle, die der Meinung sind, daß ein einziges Gespräch und ein einziges Gebet genügen, um aus einem Homosexuellen ein Heterosexueller zu werden, irren sich in den meisten Fällen. Während des längeren Heilungsprozesses, der meistens stattfinden muß, ist ein Rückfall in alte Gefühls- und Verhaltensmuster möglich, besonders dann, wenn jemand von Enttäuschungen oder Einsamkeit bedrängt wird. Mehrere ehemalige Homosexuelle berichten ehrlich darüber. Gerade dann darf der begleitende Seelsorger den Mut nicht sinken lassen. Die Gemeinde soll sich um den Zurückgefallenen stellen und zeigen, daß sie eine heilende Gemeinschaft ist.

Man kann sich allerdings fragen, ob auch deshalb so wenige Homosexuelle den Weg der Enthaltsamkeit und der Heilung einschlagen und darauf ausharren, weil nur wenige Gemeinden heilende Gemeinschaften sind. Innerhalb des Leibes Christi gibt es zu wenig gesunde Zellen, zu wenig Gebetsgruppen, in denen Homosexuelle Brüder bzw. Schwestern finden können, die mit ihnen mitkämpfen. Inzwischen ist es eine Erfahrungstatsache, daß — genauso wie Alkoholiker einander in Gruppen der »Anonymen Alkoholiker« auffangen — auch Homosexuelle am besten von ehemaligen Homosexuellen verstanden werden und von ihnen Hilfe erwarten können. In diesem Sinne wird in mehreren Ländern von einer Reihe von Gruppen segensreich gearbeitet[34].

Immer wieder wird deutlich, daß auf dem oben skizzierten Weg viele Homosexuelle zu einer Änderung ihrer Neigungen gelangen, wahrscheinlich schneller und häufiger als auf dem Weg der psychotherapeutischen Behandlung. Öfter gelingt es bei einer guten Zusammenarbeit zwischen Seelsorger und Arzt oder Psychologe. Eine Reihe von Geheilten ist jetzt glücklich verheiratet und hat eine Familie gegründet. Noch immer findet statt, was der Apostel Paulus schon in Korinth festgestellt hat. Wir haben schon gesehen, daß er in seinem Brief allerlei Arten von Menschen aufzählt, die das Reich Gottes nicht erben können. Dort erwähnt er Dinge, die jedem von uns bekannt sind, unter anderem praktizierte Homosexualität. Aber mit Freude stellt Paulus fest: »Solche *gab* es unter euch, aber ihr seid reingewaschen, seid geheiligt, seid gerecht geworden im Namen Jesu Christi des Herrn und durch den Geist unseres Gottes.« (1. Kor. 6, 11) Das gibt Hoffnung — auch heute!

Daß diese Hoffnung begründet ist, wollen wir noch durch einige Zitate stützen:

Das Gutachten der »British Medical Association« von 1955 stellt fest: »Viele Homosexuelle fanden nach ihrer Bekehrung eine neue Freiheit. Diese Bekehrung brachte einen Verlust an Egozentrizität und an Eigenliebe und machte den Menschen zu einer an Gott orientierten Persönlichkeit. Eine Neuorientierung des Gefühlslebens findet statt. Das Verhältnis zum Nächsten wird anders gefüllt. Durch seine Bekehrung wird der Homosexuelle gestärkt im Sieg über seine sexuelle Orientierung. Diese hört auf, ihn zu beherrschen. Wesen und Gewohnheiten fangen an, sich zu ändern. Eine höhere Macht, ein überlegener Wille wirkt in ihnen.« In einem Nachtrag nimmt das Gutachten eine Reihe von Zeugnissen von Homosexuellen auf, die nach der Übergabe ihres Lebens an Christus eine andere Lebensweise wählten und zum Teil auch andere Neigungen bekamen[35].

Ein amerikanischer Pfarrer schreibt: »Von 21 Homosexuellen fanden zehn den Weg zur Befreiung zu schwierig, elf wurden aus der Versklavung an ihre Homosexualität befreit.«[36]

Der Leiter einer niederländischen Beratungsstelle, der schon erwähnte Johan van der Sluis, teilt mit, daß er in den ersten sechs Jahren mit 66 Homosexuellen Kontakt hatte. Von ihnen sind 17 auf dem Weg zur Befreiung, und drei sind verheiratet. In den Jahren nachher hatte er mit 123 Leuten Kontakt; bei 41 von ihnen kam es zu einer Neuorientierung ihrer Gefühle.

Der kanadische Priester Emiliano Tardif erzählt in einem Interview, wie eine lesbische Frau bei ihm beichtete. Nach der Absolution schickte er sie zu einer Mitarbeiterin. Diese rief zusammen mit ihrem Mann den Herrn um Befreiung dieser Frau an. Am selben Tag wurde sie befreit. Seitdem hatte sie mit ihren Gefühlen keine Probleme mehr[37].

Der Prozentsatz der Homosexuellen in unserer Gesellschaft könnte zurückgehen. Nicht nur dadurch, daß homosexuelle Neigungen verschwinden können, sondern auch dadurch, daß ihr Entstehen verhindert wird. Wir stimmen überein mit dem französischen Psychiater Marcel Eck: »Jede Erziehung, die darauf gerichtet ist, die sexuelle Differenzierung mehr oder weniger auszuschalten, bereitet die Homosexualität vor. Umgekehrt, wenn der Vater wirklich Mann und die Mutter wirklich Frau ist, dann werden ihre Söhne echte Jungen und ihre Töchter echte Mädchen.«[38]

ANMERKUNGEN*

Zu Kapitel I

1 Vgl. E. Thurneysen, Lehre von der Seelsorge, S. 45–61: »Die Seele ist nach der Heiligen Schrift zu verstehen als die personale Ganzheit des Menschen nach Leib, ›Seele‹ und Geist unter dem Anspruch Gottes.«

2 Schon der Straßburger Reformator Bucer leitet die verschiedenen Aspekte der Seelsorge von dem Hirtenmotiv in Ezechiel 34 ab (Heitink, S. 157).

3 Thurneysen, Lehre, S. 43; und vom selben Verfasser: Seelsorge im Vollzug, S. 11. Ebenso Bovet, Lebendige Seelsorge.

4 So W. Uhsadel, Evangelische Seelsorge, Heidelberg 1966: »Es ist der einzige Auftrag des Amtes, das allgemeine Priestertum zu wecken und zu stärken.«

5 Thurneysen, Lehre, S. 281.

6 Zur Kritik an Thurneysen siehe z. B. Riess.

7 Collins beschreibt »Counseling« als eine Beziehung zwischen zwei oder drei Menschen, in der der eine Mensch (der »Counselor«) versucht zu beraten, zu ermutigen und/oder einem anderen Menschen (dem »Counselee«) beizustehen, um dessen Lebensproblem wirkungsvoller anzugehen. Bei Hiltner spielt jedoch das Beraten kaum eine Rolle.

8 S. Hiltner, S. 80. Zur Kritik an Hiltner vgl. Riess, S. 201 ff.; Adams, Competent to Counsel, Nutley 1973, S. 78–104; Hielema; meine Doktorarbeit Stanger en Buchman, S. 13; Meves, S. 13; Tacke; Jentsch, S. 70, 96 ff., 133 ff.

9 »Helfen« z. B. auch in der Definition H. J. Clinebells: »Helfen, die Qualität jemandes Beziehungen zu verbessern«; und bei J. Adams: »Helfen, geheiligt zu werden«.

10 Ich ziehe diesen Begriff Wörtern wie Patient, Klient, Pastorant oder Beichtkind vor.

11 Vgl. Tacke, S. 79: »Seelsorge muß sich konsequent orientieren an dem Weg des Evangeliums.«

12 Verwandt sind W. Uhsadel, S. 54: »Seelsorge als Lebenshilfe für den Getauften, seine Taufe im leibhaften irdischen Leben auf das ewige Leben hin zu verwirklichen«; und Tacke, S. 32: »Seelsorge ist: Menschen helfen, zum Glauben zu kommen und in diesem Glauben Hilfe für ihr Leben zu finden.« Vgl. auch E. Brunner, Dogmatik, S. 325: »Zur Bekehrung gehört auch die Nachfolge, das Hinter-Jesus-Hergehen, das Seinem-Weg-Folgen. Der Weg Jesu aber ist immer Weg zum Menschen, der Weg in die feindliche Welt hinein.« Ebenso E. Rudin (Hrsg.), S. 8: »Der Entscheidung für Jesus Christus folgt die Entschiedenheit, die sich in der Nachfolge und in der Heiligung vollzieht«; und S. 10: »Ziel unserer Seelsorge ist Jesus.«

13 Vgl. Kittel. Nur in den genannten Texten geht es um die Nachfolge des Herrn. Die Sache ist aber überall im Neuen Testament vorhanden, eng verbunden mit

---

*Die genauen bibliographischen Nachweise finden sich im Literaturverzeichnis.

dem »Jünger-Sein«, vgl. Matth. 28,19. In 1. Kor. 11,1; Eph. 5,1 und 1. Thess. 1,6 wird das Wort »Mimeomai« gebraucht. Nach Michaelis handelt es sich dabei um das Einem-Vorbild-Folgen als Äußerung des Gehorsams, um ein gehorsames Folgen als Ausdruck einer Lebens- und Willensgemeinschaft, um ein Sich-Stellen unter die Autorität eines anderen, um ein Sich-Richten nach dem Gebot eines anderen. Es handelt sich also um mehr als um Nachahmung.

14 Vgl. Tacke, S. 169: »Es geht dabei nicht um das Verhältnis Therapeut-Klient, denn beide sind Partner Gottes.«

15 In seiner Doktorarbeit verteidigt J. J. Rebel im Anschluß an A. A. v. Ruler, daß die Seelsorge pneumatologisch und nicht christologisch begründet werden muß, weil Christus in seinem Heilswerk den Menschen ausschaltet, während der Heilige Geist den Menschen einschaltet. Dieser Gegensatz scheint mir falsch zu sein. Gott der Schöpfer gibt dem Menschen einen Schöpfungsauftrag. Er schließt den Bund, ruft aber den Partner dieses Bundes zur Heiligung. Jesus bringt das Gottesreich, sendet aber seine Jünger aus und befiehlt ihnen, seine Werke zu tun. Der Heilige Geist erfüllt Menschen und rüstet sie dabei aus zu Zeugnis und Dienst. Vater, Sohn und Geist nehmen den Menschen vollauf ernst. Es ist unmöglich, hier zu trennen. Die »pneumatische Seelsorge«, die Rebel mit Recht sucht, wird andere Aspekte vorzeigen müssen als die, über die Rebel spricht.

16 Auch andere unterstreichen die Rolle des Geistes. Thurneysen, Seelsorge, S. 56: »Seelsorge muß in jedem Wort, das sie spricht, mit dem Heiligen Geist rechnen, um den Heiligen Geist beten, oder sie ist keine Seelsorge.« Tacke, S. 117: »Der Geist Gottes ist die Quelle der evangelischen Seelsorge.« R. Bohren, Daß Gott schön werde, München 1975, S. 68: »Die Praxis und der Geist hängen aufs innigste zusammen«; und S. 14: »Praktische Theologie ist . . . ausgeführte und angewandte Pneumatologie.« W. Jentsch, S. 60: »Die Seelsorge kann heute wie ehedem nicht auf die Energie des Heiligen Geistes und seine charismatischen Gaben verzichten.«

17 Vgl. Grundmann, bes. S. 311: »Christus, Pneuma und Dynamis gehören zusammen.« Eine Konkordanz zeigt, daß das Wort »dunamis« (Kraft) wiederholt im Neuen Testament vorkommt. Es wird in den folgenden Texten eng mit dem Geist verbunden: Luk. 1, 17; 4, 14, Röm. 15, 13.19; 2. Kor. 6, 6.7; Eph. 1, 17−19; 3, 7.16; 1. Thess. 1, 5; 2. Tim. 1, 7. Auch die »Kräfte«, die in der Gemeinde geschehen, werden oft mit dem Heiligen Geist in Beziehung gebracht: Röm. 15, 19; 1. Kor. 12, 10.28; Gal. 3, 5; Hebr. 2, 4; 6, 5.

18 Vgl. J. V. Taylor, S. 177 und 201: »Das mit dem Geist erfüllte Leben ist das christozentrische Leben . . . Leben im Geist ist also eine dauerhafte persönliche Antwort auf den Ruf und die Herausforderung Jesu in jeder neuen Situation, gegeben von jedem einzelnen Jünger, der innerhalb der christozentrischen Gemeinschaft steht.« − »Ich . . . glaube, daß die Zeit gekommen ist, in der wir all dem Rechnung tragen müssen, was am Zeugnis der Pfingstbewegung positiv ist, wenn wir hoffen auf so verschiedenen Gebieten wie Liturgie-Erneuerung, Dialog zwischen den Religionen, das Heimischwerden des Christentums, Erfahrungen in christlicher Gemeinschaft, der Dienst der Heilung besonders an Psychotikern und Süchtigen und neue Anstöße, zur christlichen Einheit weiterzukommen.«

19 Calvin verstand unter den »besonderen Gaben des Geistes« Reste des Ebenbildes

Gottes und entdeckte diese in der griechischen und römischen Kultur. Er ist damit weit von 1. Kor. 12 entfernt.

20 Vgl. R. Lovelace, S. 222: »Seelsorgegespräche müßten damit anfangen, daß die Gesprächspartner oder die Gruppenteilnehmer die Gegenwart und die Führung des Heiligen Geistes anerkennen.«

21 J. V. Taylor sieht die Seele als Lebenskraft und den Geist als Personkraft. Luther sieht den Geist als das Haus, in dem der Glaube an Gottes Wort wohnt, und die Seele als das, was den Körper lebendig macht. Brunner, der dieses Lutherwort in »Der Mensch im Widerspruch« zitiert, sagt selber: »Der Geist ist dasjenige, in dem sich die Beziehung zum Logos, zu Gott vollzieht . . . Die Seele ist selbst das Lebensprinzip des Leibes, ebenso wie sie das Lebensprinzip des Geistes ist. Die Seele ist ebenso für den Geist da, wie der Leib für die Seele« (S. 375, 383). Ich würde lieber den Geist das Lebensprinzip der Seele nennen.

22 Dabei wird der Seelsorger kritisch der Lebensanschauung und dem Menschenbild hinter vielen psychologischen Schulen gegenüberstehen (vgl. W. Margies; außerdem Thurneysen, Lehre, S. 182 ff.). Aber er wird auch bestimmte Entdeckungen der Psychologie dankbar aufnehmen (vgl. G. Sweeten und W. Jentsch, S. 124−194).

23 Th. Bovet schrieb schon um 1950: »Die Zeit ist vorbei, da man meinte, den Menschen in drei Stücke einteilen zu können: der Leib gehörte dem Arzt an, die Seele dem Psychologen und der Geist dem Seelsorger. Jetzt haben alle drei − Arzt, Psychologe und Seelsorger − eingesehen, daß der Mensch ein unteilbares Ganzes ist − das wir Person nennen −, und jetzt beansprucht jeder dieser drei, diese totale Person verstehen und umfassen zu können.«

24 Hiltner spricht zwar von »heilen«, aber beschränkt das auf die Psychotherapie. Thurneysen sagt etwas über das Dämonische, aber Exorzismus geschieht bei ihm durch das Wort der Vergebung. Etwas weiter gehen H. Doebert, Neuordnung der Seelsorge, Göttingen 1967 und noch früher A. Allwohn. Eigentlich treffen wir Seelsorge am ganzen Menschen nur in der charismatischen Seelsorge an. F. McNutt bespricht unsere vier Gebiete ausführlich. Vgl. auch bei Rudin die Kapitel: »Jesus vergibt«, »Jesus befreit«, »Jesus heilt«.

25 Der Gedanke, der Auftrag Jesu: »Heilet die Kranken, treibt böse Geister aus« sei nur für die erste Generation der Christenheit gültig, ist sowohl exegetisch wie historisch falsch (vgl. Kapitel VI und VIII dieses Buchs).

26 Auch Ärzte suchen nach einer Betrachtung des ganzen Menschen. P. Tournier spricht über eine »Médicine de la Personne« (Heilung des ganzen Menschen); in Deutschland und in der Schweiz gibt es eine Stiftung für »ganzheitliche Medizin«.

Zu Kapitel II

1 Über Vollmacht: W. Barclay; O. S. v. Bibra und W. Foerster.

2 Vgl. Bietenhard.

3 Ebenda.

Zu Kapitel III

1 Eine Regel der Oxford-Bewegung und der »Moralischen Aufrüstung«, von daher auch des Marburger Kreises. Vgl. E. Bangel/G. J. Rötting.

2 Wir sprechen hier nicht über das Gruppengespräch. Dazu J. W. Knowles und auch D. Stollberg, Seelsorge durch die Gruppe, Göttingen 1971.

3 Das ist die Gefahr bei J. Adams »nouthetischer Seelsorge«. Zur Kritik an Adams: J. S. Hielema; mein Buch »Stanger en Buchman«, S. 166−168; R. Lovelace, S. 218−222, W. Jentsch, S. 113 f.

4 So Thurneysen, Lehre, S. 44. In »Seelsorge« spricht er über das Gespräch als Begegnung und über die Notwendigkeit des Hinhörens. Auch Jentsch, S. 51 f., spricht über »bruderorientierte Seelsorge«.

5 Zur Kritik an Rogers z. B.: Margies, S. 137−148; Adams, S. 78−104; Tacke und Jentsch, S. 52−65. Der amerikanische Psychotherapeut G. Sweeten bildet Gemeindeglieder zu Seelsorgern aus. Er geht dabei von Rogers aus, meint aber, daß Rogers zu schnell aufhört (während Adams zu schnell anfängt), weil er die Auseinandersetzung mit Fehlern und Sünden des anderen verwirft.

6 Dabei wird in kleinen Gruppen gearbeitet, in denen ein gruppendynamischer Prozeß in Gang kommt, durch den man versucht, die Persönlichkeit zu ändern. Die Gefahr dabei ist, daß man zu sehr in die Nähe eines Sensitivity-Trainings kommt, das mehr schadet als nützt. Vgl. H. K. Hofmann sowie Jentsch, S. 74 ff. Die Betonung des »Clinical Pastoral Training« führt auch dazu, daß die Seelsorge nur Professionellen anvertraut wird und das allgemeine Priestertum der Gläubigen verdrängt wird.

7 Vgl. ein Wort Bonhoeffers: »So wie die Liebe zu Gott mit dem Hören auf sein Wort anfängt, so beginnt die Liebe zum Bruder mit dem auf ihn hören Lernen.«

8 Diese Teilhabe, dieses Teilen hat einen großen Stellenwert in der Seelsorge der Oxford-Bewegung und der »Moralischen Aufrüstung« und auch bei den aus der Oxford-Bewegung entstandenen »Anonymen Alkoholikern«. Der Psychiater Mowrer empfiehlt es ebenfalls (Adams, S. XV).

9 Vgl. z. B. Faber/v. d. Schoot, außerdem G. Eisele/R. Lindner.

10 Über die Beichte: D. Bonhoeffer, S. 95−105; Thurneysen, Lehre, S. 262−294; Bangel/Rötting, S. 42−73; Th. Sorg, Gedanken zur evangelischen Beichte, Stuttgart 1972; Rudin S. 22−26; Jentsch, S. 42−47.

11 Anregungen bei Frank Buchman (vgl. mein Buch: Stanger en Buchman, S. 84 ff.); auch im Marburger Kreis praktiziert. Die Wurzeln liegen wohl in der Heiligungsbewegung (etwa 1875−1900); vgl. A. Murray, Schule des Gehorsams, S. 43−51.

12 Tacke (S. 84 ff.) zeigt Tendenzen im »Clinical Pastoral Training« auf, wo das Heil von der Kommunikation, vom persönlichen und vom Gruppengespräch erwartet wird, wobei der Pastor zwar gelernt hat zu hören, aber das Sprechen verkümmert ist.

13 Auch Faber nennt das »Counselen« nur die Vorarbeit zur eigentlichen Seelsorge.

Zu Kapitel IV

1 McNutt sagt: »Erbarmen und Liebe werden viel mehr als durch Worte durch Berührung übertragen.«

Zu Kapitel V

1 W. Clebsch und J. R. Jaekle, Pastoral Care in Historical Perspective, Englewood Cliffs 1964, nennen die Versöhnung als eine der vier Perspektiven der Seelsorge, neben Beistehen, Begleiten und Heilen. Hiltner nennt die Versöhnung nicht als besondere Kategorie der Seelsorge.

2 Ps. 32,3 spricht über die Folgen, wenn man Sünde verbirgt. Zu Beichte und Teilhabe vgl. Kapitel III dieses Buchs.

3 Bovet (1950) sagt, daß die Vergebung nie das Ende, sondern eher der Anfang der Seelsorge ist. Nachher kommt die Sorge für das Bleiben in Christus. Dieser Teil der Seelsorge wird nach Bovet viel zu oft vernachlässigt.

4 So auch Thurneysen, Lehre, S. 26 und 46: »Seelsorge ist . . . ein Akt der Heiligung . . ., die Aufgabe der Seelsorge als Heiligung des ganzen Menschen für Gott.« Von Bibra betont: »Nur in der Nachfolge ist Heiligung.«

5 Auch E. Brunner (Dogmatik, S. 327—343) spricht über eine doppelte Art der Heiligung. Sie ist »dasjenige Wirken des Heiligen Geistes, durch das der Mensch in allen Bezirken seiner Existenz zum Eigentum und Werkzeug des Gotteswillens und zum Gefäß seines Lichts wird« (S. 333). Aber Heiligung ist auch »ein Hiltner-Ihm-Hergehen«, »Schritte des Gehorsams und der Nachfolge auf das Ziel zu« (S. 337).

6 Für das Verhältnis von Geist und Heiligung vgl. Röm. 5,5; 2. Kor. 3, 17.18; Gal. 5, 24.25; Eph. 3, 16.17; 1. Thess. 4, 7.8.

7 Vgl. Brunner, Dogmatik, S. 333 f.: »Der wahre Jünger Jesu ist immer ein grundsätzlich gemeinschaftswilliger und gemeinschaftsfähiger Mensch.«

8 Dieser Aspekt wird stark von Thurneysen betont (Lehre, S. 26, 39, 279, und Seelsorge, S. 73 ff.), von Hiltner und Clinebell jedoch vernachlässigt. Vgl. auch J. V. Taylor, S. 177: »Bleibet in mir und ich in euch« ist zu den Jüngern in der Mehrzahl gesprochen. Durch eine tiefere Entdeckung der Hilfsquellen der Gruppenjüngerschaft werden wir einem christozentrischen Leben in der modernen Welt nähergebracht.«

9 Siehe z. B. mein Buch »Okkultismus und christlicher Glaube«.

10 Vgl. Brunner, Dogmatik, S. 325: »Der Weg Jesu ist immer . . . der Weg in die feindliche Welt hinein . . . Der durch Christus wahrhaft Bekehrte ist der zur Welt Hingekehrte. Das Ende der Bekehrung ist vollkommene Weltlichkeit des in Christus Lebenden.« Und S. 338: »Nicht der ist ein Heiliger, der möglichst wenig mit den Dingen der Welt zu tun hat, sondern der, der in der Welt Gott und dem Nächsten dient.«

11 In Joh. 1—12 wird achtzehnmal positiv und neunmal negativ über die Welt gesprochen, in Joh. 13—18, wohl unter dem Einfluß der negativen Reaktion auf die Botschaft Jesu, dreißigmal negativ und siebenmal positiv. In 1. Joh. ist das Verhältnis: dreimal positiv und neunzehnmal negativ. Vgl. auch Brunner, Dogmatik, S. 353: »Es sind vor allem Johannes und Paulus, die das Wort Welt häufig gebrauchen. Beide tun es in einem vorwiegend negativen Sinn. Die Welt ist bei ihnen die durch die Sünde Gott entfremdete Menschheit.« Lovelace, S. 93 f., versteht unter Welt im negativen Sinn »das korporative Fleisch, das sich unter sata-

nischer Kontrolle auf Erden auswirkt«. Er rechnet darunter auch antichristliche Herrschafts- und Machtsysteme.

12 Brunner, Dogmatik, S. 484, nennt vier Mächte im Neuen Testament: das Gesetz, die Sünde, den Satan und den Tod.

13 Vgl. Barclay: »Heiligkeit ist: zur Seite gestellt werden. Dieses Anderssein, diese Trennung muß nicht als ein Sich-aus-der-Welt-Zurückziehen, sondern als ein Auf-die-Welt-Bezogen-Sein betrachtet werden. Das Anderssein spielt sich nicht in der Sphäre des Kirchenfensters, sondern des Marktplatzes ab.«

14 Vgl. J. V. Taylor, S. 162: »Ordnungen können nur geändert werden durch diejenigen, die befreit sind und sich von ihnen distanziert haben und sie innerlich transzendieren. Die verantwortliche Freiheit, die der Geist denen, die in Christus leben, auferlegt, macht sie durch ihren Ungehorsam den gesellschaftlichen Normen und Werten gegenüber zu Freiheitskämpfern. Sie werden gerettet, damit sie retten.«

15 Vgl. auch Thurneysen (Vollzug, S. 72 f.) und E. Müller/H. Stroh. Brunner (Dogmatik, S. 341) schreibt: »Die Energie der Weltdurchdringung, der sozialen und sogar politischen Ausweitung des christlichen Interesses, ist der Maßstab für die Kraft und die Echtheit der Liebe, das heißt der Christusgebundenheit«; und (S. 342): »Was die Welt vor allem braucht, ist nicht so sehr ein Tun, sondern neue Menschen.«

16 Vgl. die beiden Bücher von E. Kübler-Ross. Inzwischen hat sich die Schriftstellerin dem Spiritismus zugewandt.

17 Vgl. mein Buch »Tote sterben nicht«.

Zu Kapitel VI

1 Doch manche denken anders. Der Psychotherapeut Th. Bovet meint in: »Die Angst vor dem lebendigen Gott« vorsichtig, daß Menschen, die Teile ihrer Persönlichkeit abspalten, leichter von einer anderen Persönlichkeit, einem Wesen aus einer »anderen« Welt beherrscht werden können, auch von einem »Dämon«. Andere äußern sich kräftiger: die Psychiater A. Lechler (Krankheit oder Dämonie); A. Mader; R. K. Mc.All (Healing the Family Tree, London 1982) und die Psychotherapeuten W. Margies (Bd. 2) und G. Sweeten.

2 Vgl. A. M. Hunter: Interpreting Paul's Gospel, S. 75: »Es gibt keinen metaphysischen Grund, weshalb der Kosmos nicht Geister enthalten kann, die höher als die Menschen stehen, die das Böse zu ihrem Ziel gemacht haben, die der menschlichen Rasse schlecht gesonnen sind und deren Aktivitäten von einem Meisterstrategen koordiniert werden.« M. Green (I believe in Satan's Downfall, London 1981, S. 107), der Hunter zitiert, sagt dazu: »Es ist nicht möglich, zu beweisen, daß in den Netzen des Bösen in der Gesellschaft übermenschliche Kräfte am Werk sind. Aber die Hinweise darauf sind im zwanzigsten Jahrhundert mindestens so stark wie im ersten Jahrhundert, als Jesus daran glaubte. Man kann kaum sagen, daß wir so weit fortgeschritten sind, daß die Hypothese des organisierten kosmischen Bösen nicht mehr anwendbar oder überholt ist.«

3 E. Stauffer unterscheidet z. B. in seiner »Theologie des Neuen Testaments« (Genf 1945) neben einer doxologischen und einer soteriologischen eine antagonistische Grundlinie im Neuen Testament.

4 Die Meinung Scharfenbergs, daß wir uns blamieren würden, wenn wir als Nachfolger Jesu jetzt seine Taten und Machtworte zu kopieren versuchen, beruht auf
einem Verkennen dieses Auftrags und einer Unkenntnis der vollen Realität des
Heiligen Geistes (Scharfenberg: Sigmund Freud und seine Religionskritik als
Herausforderung für den christlichen Glauben, Göttingen, 4. Aufl. 1976, S. 24).
Das genaue Gegenteil ist richtig: Wir haben uns blamiert, indem wir Jesu Auftrag
ungehorsam waren und Menschen unnötig gebunden blieben.

5 Vgl. Paulus über die Decke, die über Israel liegt und die bei der Bekehrung zu
Jesus weggenommen wird (2. Kor. 3,15). Lovelace (S. 70 und 215) sieht in der
Leugnung der Existenz Satans einen Mangel an Phantasie und spricht über ein
»unredliches Vorurteil«: »Jedes ernste Gemeindeglied müßte genügend über die
Existenz und die Ränke der gefallenen Engel wissen.«

6 Vgl. die Literaturliste in meinem Buch »Dämonen und Besessene«.

7 Lovelace, S. 78: »Die Jünger konnten nicht völlig in Christus bleiben, ohne ihm
nachzufolgen in seinem Sieg über die Finsternis ringsumher.« Lovelace sieht hinter der Ebbe des geistlichen Lebens die Kräfte der Finsternis und hinter der Flut
des geistlichen Lebens im Volk Gottes den Sieg über diese Kräfte.

8 Wir ziehen diesen Begriff dem Wort »Exorzismus« vor, das Beschwörung bedeutet und einen magischen Hintergrund hat. Clebsch und Jaekle (a.a.O., S. 49)
sehen den Kampf gegen den Teufel nur ethisch und ordnen ihn ein unter die seelsorgerliche Funktion des Begleitens.

9 Deshalb kann Zusammenarbeit mit Ärzten und Psychotherapeuten sehr nützlich
sein (so auch Lovelace, S. 141).

10 Vgl. mein Buch »Okkultismus und christlicher Glaube« und die Bücher von K.
E. Koch, bes. »Seelsorge und Okkultismus«, dem in der 25. Auflage ein zweiter
Teil: »Medialität in der Sicht der Seelsorge« hinzugefügt wurde.

11 Z. B. Yogiraj Boris Sacharow, Was ist Yoga?, Berlin o. J.

12 G. C. Ritchie/E. Sherill.

13 Für ein solches Lossagebet vgl. Rudin, S. 68 ff.

14 Thurneysen erkennt die Realität der Dämonen, meint aber, daß sie ausgetrieben
werden durch die Beichte und die Zusage der Vergebung (Lehre, S. 294–313).
Jentsch (S. 116, 110) sagt zwar viel über »Befreien« und erwähnt auch Blumhardt, aber erkennt nur einen »fürbittend gebeteten Exorzismus« an.

15 In meinem Buch »Dämonen und Besessene« habe ich beschrieben, wie in solchen
Fällen ein Verhör der Dämonen stattfinden kann. Ein solches Verhör sehe ich
mittlerweile als unerwünscht an (mit Ausnahme des Fragens nach dem Namen
des Feindes in einigen Fällen). Der Feind wird oft lügen, Zeit geht verloren, und
der Seelsorger läuft Gefahr, die Aussagen des Dämons interessant und glaubwür-
dig zu finden.

16 So auch McNutt.

Zu Kapitel VII

1 A. Sanford, S. 193–196

2 B. Tapscott, Innere Heilung, und von derselben Autorin: Freigemacht; die beiden
Bücher von R. C. Stapleton; M. und D. Linn; McNutt; Scanlan.

3 Ähnliche Gedanken finden wir bei Ericson, der das »Grundvertrauen« betont, und auch bei der »Transaktionsanalyse« (vgl. Jentsch, S. 138 ff.).

4 Nach B. Tapscott.

5 Vgl. R. K. McAll, a.a.O., S. 47 ff., über solche Untersuchungen.

6 Tapscott will mit dem Dienst der Befreiung beginnen, Carter Stapleton mit der inneren Heilung.

Zu Kapitel VIII

1 Zwar spricht Thurneysen ausgiebig über die Vergebung, aber kaum über Heilung. Sie ist etwas »ganz Ausnahmsweises« (Lehre, S. 231), eine Folge der Entspannung, die die Seelsorge bewirkt, eine »Nebenwirkung« also (S. 223, 227). Auch Adams meint, daß Sündenbekenntnis und Sündenvergebung Heilung als Folge haben können, kennt aber nicht ein direktes Beten um Heilung. Bei Hiltner und Clinebell spielt der Dienst der Heilung keine Rolle, es sei denn als Nebenwirkung des psychotherapeutischen Handelns des Seelsorgers.

2 McNutt, Kap. 18.

3 Nicht »chrio«, sondern »aleipho«.

Zu Kapitel IX

1 So z. B. beim griechischen Arzt Hippokrates. Für ihn ist die Melancholie auch eines der vier Temperamente des Menschen.

2 So die amerikanische Zeitschrift Newsweek (8. 1. 1973). Margies (Bd. 2, S. 166) spricht über »die beängstigende Zunahme an Depressionen in der modernen Zivilisation«.

3 T. LaHaye ist der Ansicht, daß Depressionen am häufigsten zwischen dem 40. und dem 60. Lebensjahr vorkommen.

4 Andere Autoren identifizieren beide Gruppen miteinander, z. B. Q. Hyder, S. 81.

5 Margies nennt als Beispiele aus der Bibel den fliehenden Elia (Bd. 2, S. 167 ff.) und den fliehenden Jona (S. 173 ff.).

6 Margies und andere sprechen hier von »vitaler Depression«.

7 Vgl. R. Mackarness

8 A. Mader, S. 87

9 So A. Lechler, Hilfe an Gemütskranken, S. 15 f.

10 In diese Richtung denken z. B. LaHaye und W. Trobisch, Liebe dich selbst, Wuppertal, 1979.

11 Margies, S. 183

12 So M. Horie

13 So Lechler (Hilfe, S. 8): »Es ist eine Erfahrungstatsache, daß eine große Zahl von Depressionen ihre Ursache letzten Endes in einer Nichtachtung der Lebenskräfte des Christentums hat.« Ähnlich Horie und LaHaye.

14 So Lechler, LaHaye und Horie

15 Dagegen hält Margies die meisten endogenen Depressionen für eine dämonische

Belastung. Er spricht über »Mächte des Selbstmitleids« und über »Schwermuts-
geister« (S. 180).

16 Lechler (Seelische Erkrankungen, S. 25) spricht über »eine ernste Veranlagung«.

17 LaHaye (S. 100), auch Horie (S. 32). Margies findet Selbstmitleid und Aggression bei Jona (Bd. 2, S. 178). Trobisch, a.a.O., weist auf Saul, auf Nebukadnezar
und sogar auf Paulus hin.

18 Hyder (S. 84), verteidigt diese Methode noch immer, weil er meint, daß sie die
Wut wegnimmt.

19 So LaHaye, S. 64−69

20 So Mackarness

21 Lechler, Hilfe, S. 8

22 Lechler, Hilfe, S. 47 ff.

23 So Margies, Bd. 2, S. 179. Trobisch, a.a.O., zitiert Luthers Ratschläge für
Depressive.

24 Lechler, Hilfe

25 Hyder spricht über »eine Gebetstherapie«. Margies unterstreicht, daß vor dem
Gebet mit dem Selbstmitleid gebrochen werden muß (Bd. 2, S. 182 f.).

26 Horie gibt ein Beispiel. Er spricht über die erstaunlichste Erfahrung, die er auf
diesem Weg gemacht hat.

27 So LaHaye, S. 96, 104. Das erfuhr auch der weiter oben erwähnte Freund: »Man
darf Gedanken gefangennehmen« (2. Kor. 10,5) und den negativen Gedanken
positive entgegenstellen.

28 Andere Beispiele bei Koch, S. 613., 620 f., 632

Zu Kapitel X

1 Der Vorteil dieses Begriffes ist, daß er auch alle einschließt, die keine homosexuellen Handlungen begehen. Der Begriff hat allerdings auch Nachteile. Er erweckt
den Eindruck, daß es zwei Menschentypen gibt, Normale und Abartige, wo wir
doch wissen, daß jeder Mensch seine Wunden und Schwächen hat. Außerdem:
Freundschaft zwischen Gleichgeschlechtlichen gibt es auch ohne sexuelle
Gefühle. Wir schließen uns hier dem deutschen Sprachgebrauch an und sprechen
nur von Homosexualität, ob die Gefühle sich nun im Verhalten äußern oder
nicht.

2 So das Gutachten der British Medical Association, S. 15

3 So A. Davidson, S. 10

4 G. J. M. v. d. Aardweg, S. 171

5 Auch bei Tieren, aber nur, wenn diese in Gefangenschaft leben. Vgl. die Not-Ho-
mosexualität bei Menschen in Gefangenschaft.

6 Z. B. 3. Mose 18,22; 20,13; Röm. 1, 27.28; 1. Kor. 6,9

7 Schon Kaiser Justinian im Jahr 538 und 544

8 Meine Kirche, die Niederländische Reformierte Kirche, wies 1979 eine kirchliche
Trauung von Homosexuellen ab.

9 Der Sexologe Hirschfeld verteidigt diese Position, weil er entdeckte, daß es schon vor der Pubertät Homosexualität gibt. Dies ist ein schwaches Argument, wie wir noch sehen werden.

10 Eine Übersicht (auch über Kallmanns Untersuchungen über Homosexualität bei eineiigen Zwillingen) findet sich in v. d. Aardweg, S. 148—162. Vgl. G. Naujokat (in Rudin, S. 51): »Erbliche und hormonale Einflüsse scheiden nach dem augenblicklichen Stand der Kenntnisse als Entstehungs- und Steuerungsfaktoren aus.« Masters und Johnson, Human Sexuality, Brown 1982: »Die genetische Theorie der Homosexualität ist heute allgemein verworfen.« Der »Sex-Information and Educational Council of the United States« schreibt: »Es herrscht unter den Autoritäten auf diesem Gebiet zunehmend Einigkeit darüber, daß die genetischen, konstitutionellen oder sekretorischen Faktoren unter den Ursachen der Homosexualität nur eine kleine Rolle spielen, während psychologische, soziale und kulturelle Faktoren die Hauptrolle spielen.« L. Hatterer (Changing Homosexuality in the Male, New York 1970): »Die Psychologen werden sich einig darüber, daß der homosexuelle Mensch nicht geboren, sondern gemacht wird.«

11 M. W. Kremer und A. W. Rifkin untersuchten 25 lesbische Mädchen zwischen 12 und 17 Jahren. Keines hatte einen normalen Familienhintergrund: Vater oder Mutter fehlte, sie hatten das Gefühl, unerwünscht und ungeliebt zu sein (American Journal of Psychiatry, Juli 1969). Dr. Irving Bieber untersuchte bei 106 Heterosexuellen und 100 Homosexuellen den Familienhintergrund und kam zur Schlußfolgerung: »Die Familie ist der Architekt der Homosexualität.«

12 Ein Beispiel bei F. Caprio, S. 256

13 Caprio, S. 257

14 Caprio, S. 40, 81, 216 ff.

15 Luther und die Einheitsübersetzung sprechen zu Unrecht von »Knabenschändern«.

16 M. Eck sagt: »Es ist leichter, sein Leiden zu verherrlichen, als zu versuchen, sich davon zu befreien.« David Wilkerson, der Gründer der Teen Challenge Arbeit, berichtet einmal, daß von den 500 Homosexuellen, denen er begegnete, nur 10 Hilfe haben wollten.

17 Caprio (S. 14 und 297), Hatterer (a.a.O.), Eck. Beispiele gelungener Behandlung gibt v. d. Aardweg (S. 189 ff., 195 ff.).

18 Vgl. Ch. Meves, S. 71: »Man glaubt, die Not los zu sein, wenn man die Ächtung auflöst. Das ist aber nicht der Fall. Sie hat eine viel tiefere Ursache. Unmut über sich selbst taucht bei jedem Menschen auf, der von dem Weg abweicht, der den Einklang mit seiner Bestimmung als Mensch gewährt.«

19 Zitiert bei M. Eck

20 Vgl. H. Giese, Der homosexuelle Mann in der Welt, Stuttgart 1964

21 Zitiert aus niederländischen Quellen, aus dem Gutachten der British Medical Association; R. C. Stapleton: The Gift of Inner Healing, S. 102; K. Philpott, S. 1 ff., 20 ff.; »National Courier« vom 24. 6. 1977, und aus einem Gespräch mit dem Autor dieses Buchs.

22 Davidson, S. 21, 77

23 P. Penning de Vries in v. d. Aardweg/J. Bonda, S. 105

24 Das ist die Erfahrung von G. Philpott.

25. Vgl. A. Davidson

26 F. Lake (Same Sex Loving, S. 62 f.) meint, daß bei vielen seiner homosexuellen Patienten schon vor und während der Geburt Mißtrauen gegenüber Frauen entstanden ist, und befürwortet den Weg der inneren Heilung.

27 R. C. Stapleton, Gift of Inner Healing, S. 91−102; Ders., Experience . . ., S. 101−106

28 Margies, S. 197, sieht hinter allen Formen der Homosexualität nur einen dämonischen Ursprung. Das scheint mir zu einseitig zu sein.

29 Vgl. mein Buch »Dämonen und Besessene«, S. 148 f.; und K. Linehan.

30 Healing for the Homosexual, Oklahoma City 1978, S. 49

31 a.a.O., S. 11−44

32 Siehe White (Hrsg.)

33 R. K. McAll, a.a.O., S. 19 f. und aus einem Gespräch mit ihm.

34 Eine Liste solcher Gruppen in den Vereinigten Staaten findet sich in: Healing . . ., a.a.O., S. 63. Europäische Gruppen trafen sich 1982 in den Niederlanden.

35 British Medical Association

36 Healing . . ., a.a.O., S. 49

37 »Tychique«, Jan. 1980, S. 49. Andere Zeugnisse in K. Linehan; Philpott; »National Courier«, 24. 6. 1977; »Logos«, Juli 1977, März 1978.

38 Siehe Eck

LITERATURVERZEICHNIS

G. J. M. v. d. Aardweg/J. Bonda: Een netelig Vraagstuk, Nijkerk 1981

J. E. Adams: Befreiende Seelsorge, Gießen 6. Aufl. 1982

A. Allwohn: Das heilende Wort, Göttingen 1958

E. Bangel/G. J. Rötting: Verbindliche Seelsorger gesucht, Gnadenthal 1970

W. Barclay: By what Authority?, London 1974

O. S. v. Bibra: Die Bevollmächtigten des Auferstandenen, Stuttgart-Wuppertal 8. Aufl. 1969

Ders.: Gott sucht Werkzeuge, Stuttgart 1981

H. Bietenhard: Artikel »Onoma« in: G. Kittel: Theologisches Wörterbuch zum Neuen Testament, 10 Bde., Stuttgart 1933−1978, Bd. V, S. 242−282

J. Chr. Blumhardt: Krankheitsgeschichte der Gottliebin Dittus, Basel o. J.

D. Bonhoeffer: Gemeinsames Leben, München 18. Aufl. 1982

Th. Bovet: Die Angst vor dem lebendigen Gott, Tübingen 1950

Ders.: Lebendige Seelsorge, Bern 2. Aufl. 1962

British Medical Association: Homosexuality and Prostitution, London 1955

E. Brunner: Dogmatik, Bd. III: Die Lehre von der Kirche, vom Glauben und von der Vollendung, Zürich 2. Aufl. 1964

Ders.: Der Mensch im Widerspruch, Zürich 4. Aufl. 1965

F. S. Caprio: Female Homosexuality, New York 1954

H. J. Clinebell: Modelle beratender Seelsorge, Mainz−München 4. Aufl. 1979

G. R. Collins: Einführung in die beratende Seelsorge, Witten 1979

W. C. v. Dam: Dämonen und Besessene, Aschaffenburg 2. Aufl. 1974

Ders.: Dogmatici over de Duivel; in: Bulletin voor Charismatische Theologie, Bd. III/1, S. 2−10

Ders.: Okkultismus und christlicher Glaube, Schorndorf 1981

Ders.: Stanger en Buchman, Kampen 1977

Ders.: Tote sterben nicht, Aschaffenburg 2. Aufl. 1984

A. Davidson: The Returns of Love, London 1970

M. Eck: Sodome, Essai sur l'Homosexualité, Paris 1966

G. Eisele/R. Lindner: Seelsorge lernen, 3. Aufl. 1976

H. Faber/E. v. d. Schoot: Praktikum des seelsorgerlichen Gesprächs, Göttingen 6. Aufl. 1980

W. Foerster: Artikel »Exousia« in: Kittel: Theologisches Wörterbuch . . ., a.a.O., Bd. II, S. 557−571

M. Green: I believe in Satan's Downfall, London 1981

W. Grundmann: Artikel »Dunamis« in: Kittel: Theologisches Wörterbuch . . ., a.a.O., Bd. II, S. 286−318

G. Heitink: Pastoraat als Hulpverlening, Kampen 1977

J. S. Hielema: Pastoral or Christian Counseling, Utrecht 1975

S. Hiltner: Pastoral Counseling, New York 1949

H. K. Hofmann: Psychonautik − Stop, Wuppertal 1977

M. Horie: Achtung: Fehlschaltung!, Wuppertal 1977

Q. Hyder: The Christian's Handbook of Psychiatry, Old Tappan 1976

W. Jentsch: Der Seelsorger. Beraten − Bezeugen − Befreien, Moers 1982

G. Kittel: Artikel »Akoloutheo« in: Kittel: Theologisches Wörterbuch . . ., a.a.O., Bd. I, S. 210−216

J. Knowles: Gruppenberatung als Seelsorge und Lebenshilfe, Mainz−München 1971

K. E. Koch: Seelsorge und Okkultismus, Basel 25. Aufl. 1982

M. W. Kremers/A. W. Rifkin: The Early Development of Homosexuality; in: American Journal of Psychiatry, Bd. 126, S. 91−96

E. Kübler-Ross: Interviews mit Sterbenden, Gütersloh 11. Aufl. 1983

Dies. (Hrsg.): Reif werden zum Tode, Stuttgart 3. Aufl. 1977

Tg. LaHaye: Ausweg − aus Depressionen, Aßlar 1982 (zit. nach der Originalausgabe: How to Win over Depression, Grand Rapids 1974)

F. Lake: Clinical Theology, London 1966

Ders.: Same Sex Loving, »Renewal«, Nr. 62 und 63

A. Lechler: Hilfe an Gemütskranken, Gießen 1968

Ders.: Krankheit oder Dämonie, Stuttgart o. J.

Ders.: Seelische Erkrankungen und ihre Heilung, Gießen 1963

K. Linehan: Odyssee eines Homosexuellen, Birneck 1980

M. und D. Linn: Beschädigtes Leben heilen, Köln−Graz 2. Aufl. 1983

R. F. Lovelace: Dynamics of Spiritual Life, Downers Grove 1979

R. Mackarness: Allergie gegen Nahrungsmittel und Chemikalien. Körperliche und seelische Störungen, Stuttgart 2. Aufl. 1982

A. Mader: Der angenommene Mensch, Wuppertal 1978

W. Margies: Heilung durch sein Wort, 2 Bde., Urbach o.J.

F. McNutt: Die Kraft zu heilen, Köln−Graz−Metzingen 4. Aufl. 1982 (Styria Verlag und Verlag Ernst Franz)

Ch. Meves: Antworten Sie gleich, Freiburg 1977

W. Michaelis: Artikel »Mimeomai« in: Kittel: Theologisches Wörterbuch . . ., a.a.O., Bd. IV, S. 670 ff.

E. Müller/H. Stroh: Seelsorge in der modernen Gesellschaft, Hamburg 1964

A. Murray: Like Christ, Minneapolis 1974

Ders.: Die Schule des Gehorsams, Aßlar 1981

K. Philpott: The Gay Theology, Plainfield 1977

Presbyterian Charismatic Communion: Healing for the Homosexual, Oklahoma City 1978

J. J. Rebel: Pastoraat in Pneumatologisch Perspektief, Kampen 1981

R. Riess: Seelsorge, Göttingen 1973

G. C. Ritchie/E. Sherill: Rückkehr von morgen, Marburg 1980

E. Rudin (Hrsg.): Arbeitshilfe für Seelsorger, Gnadenthal 1982

A. Sanford: Sealed Orders, Plainfield 1972

M. Scanlan: Inner Healing, New York 1974

P. Senf: Handauflegung und Heilung, Marburg 1977

R. C. Stapleton: The Experience of Inner Healing, Waco 1977

Dies.: The Gift of Inner Healing, Waco 1976

E. Stauffer: Theologie des Neuen Testaments, Genf 1945

G. Sweeten: Op zoek naar een Synthese tussen Psychologie, Theologie en het werk van de Heilige Geest; in: Bulletin voor Charismatische Theologie, Bd. III/2, S. 15−20

H. Tacke: Glaubenshilfe als Lebenshilfe, Neukirchen 2. Aufl. 1979

B. Tapscott: Freigemacht, Erzhausen 1982

Dies.: Innere Heilung, Erzhausen 5. Aufl. 1983
J. V. Taylor: The Go-Between God, London 8. Aufl. 1978
E. Thurneysen: Die Lehre von der Seelsorge, Zürich 5. Aufl. 1980
Ders.: Seelsorge im Vollzug, Zürich 1968
J. White (Hrsg.): Demon Possession, Minneapolis 1976

Außerdem weitere Literatur in niederländischer Sprache.

BÜCHER ZUM THEMA HEILUNG UND ERNEUERUNG

Don Basham
Befreie uns vom Bösen
Aus dem Amerikanischen übersetzt von
Dr. W. von Trotha.
2. Auflage, 208 Seiten, Paperback DM 14,80

George Bennett
Das Wunder von Crowhurst
oder
der Heilungsauftrag Jesu
Mit Beiträgen von Balthasar Fischer und Otto Witt
112 Seiten, Paperback DM 10,80

Roy Lawrence
Wirkungen göttlicher Kraft
Heilungsberichte aus einer Gemeinde
128 Seiten, Paperback DM 10,80

C. Cameron Peddie
Die vergessene Gabe
Heilen als biblischer Auftrag heute
128 Seiten, Paperback DM 10,80

Francis MacNutt
Die Kraft zu heilen
Das fundamentale Buch über Heilen durch Gebet
3. Auflage, 225 Seiten, Paperback DM 24,–
(Koproduktion mit dem Styria-Verlag)

Francis MacNutt
Beauftragt zu heilen
Eine praktische Weiterführung
160 Seiten, Paperback DM 19,80
(Koproduktion mit dem Styria-Verlag)

Francis MacNutt /
Barbara L. Shlemon
Heilendes Gebet
Anstöße für Gebetsgruppen
180 Seiten, Paperback DM 19,80
(Koproduktion mit dem Styria-Verlag)

Diese Bücher ermutigen zum die Verkündigung ergänzenden und
bestätigenden heilenden Dienst der Kirche und bieten praktische Hilfen a

IM VERLAG ERNST FRANZ · 7430 METZINGEN/WÜRTT.